序

奇門遁甲相傳始自黃帝戰蚩尤，著於夏禹，盛行漢代，如黃石公張子房，蜀之諸葛亮等前賢，皆精通此術，用以保國衞民，行兵作戰佈陣，料敵如神，決勝千里，其因素固非一道，而得此之助者，亦頗大也，如孔明於四川萬縣至奉節縣交界處，長江邊緣地區，所佈八陣圖，阻東吳陸遜，不敢乘劉備兵敗將亡之餘，進兵西蜀，至今其陣尚留傳人間，筆者於抗日期間，民三十二年多，由重慶搭船至湖北巴東途中，因大霧瀰漫，行船停泊於白帝廟附近，遂得下船參觀八陣圖，見一土崗之上，平濶僅數十丈，亂石數堆，無人敢移動，據當地土民云，如逢陰雨天，大霧瀰漫，倘有人畜誤入此陣者，卽迷途不知返，非至晴明之日，難以出陣，其奇妙處竟有如此之奧秘。

奇門遁甲，除行兵戰陣外，平常人占卜命運婚姻事業謀望以及日常生活……等等，無不包藏，愛好研究此術者，宜先從九宮八卦八門九星，天盤、地盤、人盤之基本學理認識，進而瞭解以年月日時，多夏二至，陰陽二遁佈局之法，逐一推求，由淺入深，循序漸進，不可性急，自然通達，旣知佈局之後，再對照學理，測判其靈驗與否，然後方可應世，造福人群，示人迷津，使作惡者，不敢造謠惑人，善者更善。

其次原書所論行兵戰陣皆古法，其與現代兵器進步，不適潮流者，删而不錄，倘尚有掛一漏萬之處，祈請前輩高明不吝指正是幸。

中華民國六十四年歲次乙卯孟秋孔日昌序於台南市開元路菓二村二號寓次

孔日昌命卜相價目表

卜卦　伍拾元
測字　伍拾元
手面合相　貳佰元
命相綜合　叁佰元
小批八字　貳佰元　（流年一年）
中批八字　伍佰元　（五年）
大批八字　壹仟元　（十年）
批終身流年　（面議）

寄生辰性別者：賜教處臺南市開元路菓貿二村二號

目次

第二章　星、門、神煞之吉凶　二〇

第十二章　星、神、門、宮、干支格局、分類占論……一〇二

第二十一章　前賢妙論篇……二〇五

第二十二章　奇門九遁……二一六

第二十三章　六甲六丁布斗篇……二二一

第一章　基本認識

天平地支

甲、乙、丙、丁、戊、己、庚、辛、壬、癸。

子、丑、寅、卯、辰、巳、午、未、申、酉、戌、亥。

天干地支方位

甲乙東方木、丙丁南方火、戊己中央土、庚辛西方金、壬癸北方水。

亥子丑北方水、寅卯辰東方木、巳午未南方火、申酉戌西方金、辰戌丑未中央土。

天平地支相合

甲己合土、乙庚合金、丙辛合水、丁壬合木、戊癸合火。子丑合土、寅亥合木、辰酉合金、巳申合水、卯戌合火、午未為陰陽之合。

日祿

甲祿在寅、乙祿在卯、丙戊祿在巳、丁己祿在午、庚祿在申、辛祿在酉、壬祿在亥、癸祿在子。

六甲旬空

甲子旬中戌亥空，甲戌旬中申酉空，甲申旬中午未空。甲午旬中辰巳空，甲辰旬中寅卯空，甲寅旬中子丑空。

貴人方

甲戊庚日陽貴在丑，陰貴在未，乙日陽貴在申，陰貴在子，己日陽貴在子，陰貴在申。丙日陽貴在酉，陰貴在亥，丁日陽貴在亥，陰貴在酉。辛日陽貴在寅，陰貴在午。壬日陽貴在卯，陰貴在巳。癸日陽貴在巳，陰貴在卯。

驛馬刼煞

寅午戌日馬在申，刼煞在亥。申子辰日馬在寅，刼煞在巳。巳酉丑日馬在亥，刼煞在寅，亥卯未日馬在巳，刼煞在申。

年上起月訣

甲己之年丙作首，乙庚之歲戊爲頭，丙辛便向庚寅起，丁壬壬寅順行流，惟有戊癸何方覓，正月始從甲寅求。

日上起時訣

甲己還加甲，乙庚丙作初，丙辛生戊子，丁壬庚子居，戊癸推壬子。

安喜神方位訣

甲己在艮乙庚乾，丙辛坤位喜神安，丁壬離宮笑嘻嘻，戊癸巽上醉沉沉。

納甲墓訣

乾納甲壬，坤納乙癸，坎離納戊己，震巽納庚辛，艮兌納丙丁。（請參閱掘作卜易寶鑑六十四卦呈象例）

八卦九宮位置

坎居一宮，坤居二宮，震居三，巽居四宮、中央爲五宮，乾居六宮，兌居七宮，艮居八宮，離居九宮。

八卦九宮圖

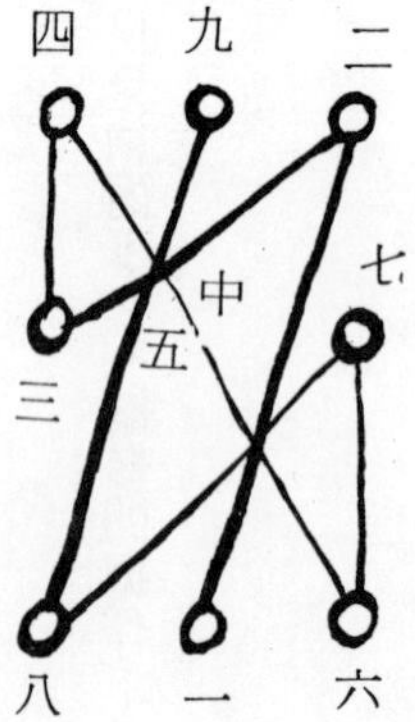

掌上飛九宮圖

八門順序

休、生、傷、杜、景、死、驚、開。

八卦方位

離南、坎北、震東、兌西、巽東南、坤西南、艮東北、乾西北。

九星順序

一、天蓬，二、天芮，三、天衝，四、天輔，五、天禽，六、天心，七、天柱，八、天任，九、天英。（陽遁順佈陰遁逆排）

九神煞順序（陽遁順佈，陰遁逆排）

1.值符，（屬火）。2.螣蛇，（屬土）。3.太陰，（屬金）。4.六合，（屬木）。5.勾陳，（屬土）。6.太常，（五行化煞）。7.朱雀，（屬火）。8.九地，（屬土）。9.九天，（屬金）。值、螣、陰、六、白虎、常玄武、地天、（陰遁逆佈）

六儀三奇

甲子戊，甲戌己，甲申庚，甲午辛，甲辰壬，甲寅癸。星奇丁，月奇丙，日奇乙。（陽遁順佈，陰遁逆行。）

十二黃黑道日時訣

子午臨申位，丑未戌上尋，寅申居子位，卯酉却加寅，辰戌龍位上，（龍卽辰也），巳亥午中行。

青龍，（黃道）、明堂，（黃道）、天刑，（黑道）、朱雀，（黑道）、金匱，（黃道）、天德，（黃道）、白虎，（黑道）、玉堂，（黃道）、天牢，（黑道）、玄武，（黑道）、司命，（黃道）、勾陳，（黑道）。

坎水一白，坤土二黑，震木三碧，巽木四祿，中五土五黃，乾金六白，兌金七赤，艮土八白，離火九紫。

十二支神將表

支	神	將
申	傳送	白虎
未	小吉	太常
午	勝光	朱雀
巳	太乙	騰蛇
酉	從魁	太陰
辰	天罡	勾陳
戌	河魁	天空
卯	太冲	六合
亥	登明	玄武
子	神后	天后
丑	大吉	天乙
寅	功曹	青龍

煙波釣叟奇門訣

陰陽順逆妙難窮，二至還鄉一九宮，若能了達陰陽理，天地都來一掌中，軒轅黃帝戰蚩尤，涿鹿經今若未休，偶夢天神授符訣，登壇致祭謹虔修，神龍負圖出洛水，彩鳳啣書碧雲裡，因命風后演成文，遁甲奇門從此始，一千八百當時制，太公測爲七十二，逮於漢代張子房，一十八局爲精藝，先湏掌中排九宮，縱橫十五圖其中，次第八卦分八節，一氣統三爲正宗，陰陽二遁分順逆，一氣三元人莫測，五日都來接一元，接氣超神爲準則，認取九宮爲九星，八門又逐九宮行，九宮逢甲爲値符，八門値使自分明，符上之門爲値使，十時一易堪憑據，値符常遺加時干，値使順逆遁宮去，六甲元號六儀名，三奇卽是乙丙丁，陽遁順儀奇逆佈，陰遁逆儀奇順行，吉門偶爾合三奇，萬事開三萬事宜，更合從旁加檢點，餘宮不可有徵疵，三奇得使誠堪使，六甲遇之非小補，乙逢犬馬丙鼠猴，六丁玉女騎龍虎，又有三奇遊六儀，號爲玉女守門扉，若作陰私和合事，從君但向此中推，天三門兮地四戶，問君此法如何處，天衝小吉與從魁，此是天門私出路，地戶除危定與開，舉事皆從此中去，六合太陰太常君，三辰元是地私門，更得奇門相照輝，出門百事總欣欣，天衝天馬最爲貴，猝然有難宜逃避，但能乘馭天馬行，劍戟如山不足畏，三爲生氣五爲死，勝在三兮衰在五，能識遊三避五時，造化眞機湏記取，就中伏吟爲最凶，天蓬加著地天蓬，天蓬若到天英上，須知卽是反吟宮，八門返伏皆如此，生在生兮死在死，就是凶宿得奇門，萬事皆凶不堪使，六儀擊刑何太凶，甲子値符愁向東，戌刑未上申刑虎，寅巳辰辰午刑午，三奇入墓宜細推，甲日那堪入坤宮，丙奇屬火火墓戌，此時諸事不宜爲，更兼乙奇來六，（六合），丁奇臨八亦同時，又有時干入墓宮，課中時下忌相逢，戊戌壬辰與壬癸，癸未丁丑同凶。五不遇時龍不精，號爲日月損光明，時干來尅日干上，甲日須知時忌庚，奇與門兮共太陰，三般難得共加臨，若還得二亦爲吉，舉措行藏必遂心，更得値符値使利，兵家用事最爲貴，常從此地擊其衝，百戰百勝君須記，天乙之神所在宮，大將宜須擊對沖，假令値符君離位，天英坐取擊天蓬，甲乙丙丁戊陽時，神人天上報君知，坐擊須憑天上奇，陰時地下亦如此，若見三奇在五陽，偏宜爲客是高強，忽然逢著五陰位，又宜爲主好裁詳，值符前三六合位，太陰之神在前二，後一宮中爲九天，後二之神爲九地，九天之上好揚兵，九地潛藏可立營，伏兵但向太陰位，若逢六合利逃形，天地人分三遁名，天遁月精華蓋臨，地遁日去紫雲蔽，人遁當知是太陰，生門六丙合六丁，此爲天遁自分明，地遁取休門六丁共太陰，欲求人遁無此，要知三遁何所宜，藏形遁跡斯爲美，庚爲太白丙爲熒，庚丙相加誰會得，六庚加丙白入熒，六丙加庚熒入白，白入熒兮賊卽來，熒入白兮賊卽去，丙爲悖兮庚爲格，格則不通悖亂逆，丙加天乙爲伏逆，天乙加丙爲飛悖，庚加日干爲伏干，日干加庚飛於格，加一宮兮戰於野，同一宮兮戰於國，庚加值符天乙伏，值符加庚天乙飛，庚加癸兮爲大格，加巳爲刑最不宜，加壬之時爲上格，又嫌年月日時逢，更有一般奇格者，六庚謹勿加三奇，此時若也行兵去，匹馬隻輪無返期，六癸加丁蛇夭嬌，六丁加癸雀投江，六乙加辛龍逃走，六辛加乙虎猖狂，請觀四者是凶神，百事逢之莫措手，丙加甲兮鳥跌穴，甲加丙兮龍返首，只此二者是吉神，爲事如意十八九，八門若遇開休生，諸事逢之皆趁情，傷宜捕獵終須獲，杜好邀遮及隱形，景上投書並破陣，驚能擒頌有聲名，若開死門何所主，只宜吊死與行刑，蓬任衝輔禽陽星，英芮柱心陰宿名，輔禽心星爲上吉，未全亨，大凶逢芮不堪使，小凶英柱不精明，小凶無氣變爲吉，大凶無氣却平平，吉宿更能得旺相，萬擧萬全功必成，若遇休囚並廢沒，勸君不必走前程，更識九星配五行，須求八卦考羲經，坎蓬水星離英火，中宮坤艮土爲營，乾兌爲金震巽木，旺相休囚看重輕，與同行卽爲我，我生之月誠爲旺，廢於父母休於財，囚於鬼兮眞不妄，假令木宿號天蓬，相在初冬與仲冬，旺於正二休四五，其餘倣此探研窮。急從神兮，緩從門，三五反復天道亨，十干加符若加錯，入墓休囚吉事危，斗精爲使最爲貴，起宮天乙用無遺，天目爲客地耳主，六甲推合無差理，勸君莫失此玄機，洞澈九星輔明主，宮制其門則不迫，門制其宮是迫雄，天網四張無走路，一二網底有路踪，三至四宮難廻避，八九高張任西東，節氣推移時候定，陰陽順逆要精通，三元積數成六紀，天地未成有一理，請觀歌裡眞妙訣，非是眞賢莫相與。

奇門總要訣

陰陽順逆妙難窮，二至還鄉一九宮，若能了達陰陽理，天地都來一掌中，三才變化作三元，八卦分爲八遁門，星符每逐十干轉，値使常從天乙奔，六儀六甲本同名，三奇卽是乙丙丁，三奇若令開休生，便是吉門利出行，萬事從之無不利，能知玄妙得其靈，値符前三六合位，前二太陰須切記，値符後一爲九天，後二之宮爲九地，地可伏匿天揚兵，六合太陰可藏避，急從神兮緩從門，三五反覆天道利，以上雖得三奇妙，不如更得三奇使，得使由來未爲精，五不遇時損光明，用事須憂時尅日，反伏吟格猶不吉，掩摺逃亡須格時，占稽行人信豈失，斗甲三奇遊六儀，天乙會合主陰私，討捕須用時下尅，行人信息遇三奇，三奇上見遊六儀，六儀更見五陽時，兼向八門尋吉位，萬事開三萬事宜，五陽在前五陰後，主客須知有盛衰，陰後五千君須記，六儀加着更無利，六儀忽然加三宮，便爲擊刑先須記，六儀擊刑三奇墓，此時擧動可憚懼，太白入熒賊卽來，熒入太白賊卽去，丙爲悖兮庚爲格，格則不通悖亂逆，庚加日干爲伏干，日干加庚飛干格，更加値符天乙伏，値符加庚天乙飛，加巳爲刑遁上格，加癸路中見疑格，加壬之時爲小格，又嫌年月日時逢，當此之時最不吉，擧動行師皆不宜，丙爲甲兮鳥跌穴，甲加丙兮龍返首，辛加乙兮虎猖狂，乙加辛兮龍逃走，丁加癸兮鳥投江，癸加丁兮蛇夭嬌，符加丙丁爲相位，時加六丁爲守星，丙合戊開爲天遁，地遁乙合入開宮，休承丁乙太陰人，天網四張時加癸，蓬加英上爲返吟，返吟之時蓬加蓬，吉宿逢之事不吉，凶宿逢之事愈凶，天輔衝任禽心吉，天蓬天芮英柱凶，陰宿天心英柱芮，陽星衝輔禽任蓬，天網四張無走路，陰陽順逆妙無窮，節氣推移時候定，二至還鄉一九宮，三元超接遊六儀，八卦週流遍九宮，若能了達陰陽理，天地消詳一掌中。

以日爲主之奇門歌訣

甲戌壬子起坎，丁辛乙卯坤休，庚甲戊午震宮求，巽到癸丁辛酉，庚丙鼠行乾上，巳癸兔走西疇，（兌）壬丙騎馬艮山頭，乙巳雞飛離九。

其法一卦管三日，如甲子乙丑丙寅於坎宮起休門，丁卯戊辰己巳三日，於坤宮起休門，依九宮次序三日一換，局去中五不用，待休門既定，然後再從八卦定方位。

陽遁九局起例

冬至驚直一七四，小滿二八五同推，春分大寒三九六，立春八五二相隨，谷雨小滿五二八，雨水九六三爲期，清明立夏四一七，芒種六三九爲宜，十二節氣四時定，上中下元是根基。

陰遁九局起例

夏至白露九三六，小暑八三五之間，大暑秋分七一四，立秋二五八遁還，霜降小雪五八二，大雪四七一相關，處暑排來一四七，立冬寒露九六三，此是陰遁起例法，節氣推移細心參。

冬至一四七，小寒二五八，大寒三六九，立春二五八，雨水九六三，驚蟄一七四，春分三九六，清明四一七，谷雨五二八，立夏四一七，小滿五二八，芒種六三八。夏至九三六，小暑八二五，大暑七一四，立秋一五八，處暑一四七，白露九三六，秋分七一四，寒露六九三，小雪五八二，大雪四七一。

陽遁九局甲子日甲子時星奇佈置圖例（星順佈奇逆行）

六合 綠 天輔 杜（巽四） 甲午辛	九天 紫 天英 景（離九） 星奇丁	螣蛇 黑 天芮 死（坤二） 甲戌己
太陰 碧 天衝 傷（震三） 甲申庚	勾陳 黃 天禽（中五） 甲辰壬	朱雀 赤 天柱 驚（兌七） 日奇乙
九地 白 天任 生（艮八） 月奇丙	值符 白 天蓬 休（坎一） 甲子戊	太常 白 天心 開（乾六） 甲寅癸

陰遁九局甲子日甲子時星奇佈置圖。（星逆佈奇順行）

太常 白 天心 開（巽四） 甲寅癸	值符 白 天蓬 休（離九） 甲子戊	九地 白 天任 生（坤二） 月奇丙
玄武 赤 天柱 驚（震三） 星奇丁	白虎 黃 天禽（中五） 甲辰壬	太陰 碧 天衝 傷（兌七） 甲庚申
螣蛇 黑 天芮 死（艮八） 甲戌己	九天 紫 天英 景（坎一） 日奇乙	天合 綠 天輔 杜（乾六） 甲午辛

八門三奇出行佈局之法（陽干日順佈，陰干日逆佈）

甲子、乙丑、丙寅三日。戊子、己丑、庚寅三日。壬子、癸丑、甲寅三日。皆從坎宮起休門。例如：

甲子、丙寅、戊子、庚寅、壬子、甲寅六日爲陽干日，休門在坎，死門在坤，傷門在震，杜門在巽，開門在乾，驚門在兌，生門在艮，景門在離。（順時針方向佈休生傷杜景死驚開）

乙丑、己丑、癸丑三日爲陰干日，休門亦在坎，杜門在坤，驚門在震，死門在巽、生門在乾，傷門在兌，開門在艮，景門在離。（逆時針方向佈休生傷杜景死驚開）

丁卯、己巳、辛卯、癸巳、乙卯、丁巳六日爲陰干日，休門在坤，死門在坎，傷門在巽，杜門在震，開門在兌，驚門在乾，生門在離，景門在艮。（皆以逆時針方向佈）

戊辰、壬辰、丙辰三日爲陽干日。休門在坤，生門在兌，傷門在乾，杜門在坎，景門在艮，死門在震，驚門在巽，開門在離。（皆以順時針方向佈）

庚午、壬申、甲午、丙申、戊午、庚申六日休門在震，生門在巽，離門在傷，杜門在坤，景門在兌，死門在乾，驚門在坎，開門在艮。（皆順時針方向）

辛未、乙未、己未三日休門在震，生門在艮，傷門在坎，杜門在乾，景門在兌，死門在坤，景門在離，開門在巽。（皆逆時針方向）

癸酉、乙亥、丁酉、己亥、辛酉、癸亥六日休門在巽，生門在震，傷門在艮，杜門在坎，景門在乾，死門在兌，驚門在坤，開門在離。（皆逆佈）

甲戌、戊戌、壬戌三日休門在巽，生門離，傷門在坤，杜門在兌，景門在乾，死門在坎，驚門在艮，開門在震。

丙子、戊寅、庚子、壬寅四日休門在乾，生門在坎，傷門在艮，杜門在震，景門在巽、死門在離、驚門在坤，開門在兌。（順佈）

丁丑、辛丑二日休門在乾，生門在兌，傷門在坤，杜門在離，景門在巽、死門在震、驚門在艮，開門在坎。（逆佈）

己卯、辛巳、癸卯、乙巳四日休門在兌，生門在坤，傷門在離，杜門在巽，景門在震，死門在艮，驚門在坎，開門在乾。（逆佈）

庚辰、甲辰二日休門在兌，生門在乾，傷門在坎，杜門在艮，景門在震，死門在巽，驚門在離，開門在坤。（順佈）

壬午、甲申、丙午、戊申四日休門在艮，生門在震，傷門在巽、杜門在離，景門在坤，死門在兌，驚門在乾，開門在坎。（順佈）

癸未、丁未二日休門在艮，生門在坎，傷門在乾，杜門在兌，景門在坤，死門在離，驚門在巽，開門在震。（逆佈）

乙酉、丁亥、己酉、辛亥四日休門在離，生門在巽，傷門在震，杜門在艮，景門在坎，死門在乾，驚門在兌，開門在坤。（逆佈）

丙戌、庚戌二日休門在離，生門在坤，傷門在兌，杜門在乾，景門在坎，死門在艮，驚門在震，開門在巽。（順佈）

九星神名順序起例

㈠太乙（吉）。㈡攝提（凶）。㈢軒轅（平）。㈣招搖（平）。㈤天符（凶）。㈥青龍（吉）。㈦咸池（凶）。㈧太陰（吉）。㈨天乙（吉）。

九星落局法

冬至後陽遁順行九宮起例。（一日一宮、十日完，即至上日甲戌，餘倣此）

訣云：「甲子爲頭起艮，甲戌飛入離宮，猿猴翻入水晶宮，（坎）甲馬坤宮不動，曾見龍生震地，最看虎嘯生風，（巽）。九星殿上顯奇功，太乙臨之發用。」

即甲子日，以太乙加艮宮，順行至甲戌加離，甲申加坎，甲午加坤，甲辰加震，甲寅加巽是也。

例如甲子日，艮上起太乙，離上攝提，坎上軒轅，坤上招搖，震上天符，巽上青龍，中宮咸池，乾上太陰，兌上天乙。此九星順行九宮之法也。

夏至後陰遁逆行九宮之起例。訣云：「甲子爲頭起坤，甲戌飛入坎宮，甲申加離，甲午加艮，甲辰加兌，甲寅加乾，九宮太乙逆行，仔細推求有應。」

例如甲子日坤上起太乙，坎上攝提，離上軒轅，艮上招搖，兌上天符，乾上青龍，中宮咸池，巽上太陰，震上天乙，此九星逆行之法也。

冬至後陽遁八門起例

陽干甲、丙、戊、庚、壬順佈八門，陰干乙、丁、己、辛、癸，逆佈八門。訣云：「甲戊壬子坎爲休，丁辛乙卯向坤遊，庚甲戊午居震位，癸丁辛酉巽方求，庚子丙子逢乾位，巳卯癸卯居兌上，壬午丙午在艮休，乙酉己酉離方尋。」

例如甲子日從坎宮起休，順行艮生，震傷、巽杜、離景、坤死、兌驚、乾開、乙丑日從坎宮起休，逆行乾生、兌傷、坤杜、離景、巽死、震驚、艮開。丙寅日從坎上起休爲陽順，艮上生門，震上傷門，巽上杜門，離上景門，坤上死門，兌上驚門，乾上開門等是。三日一換。

夏至後陰遁八門起例

陽干甲、丙、戊、庚、壬、亦爲順佈，乙、丁、己、辛、癸陰干，亦爲逆佈，訣云：「甲戊壬子居離，丁辛乙卯艮宮來，戊寅甲馬兌宮先，丁癸辛酉乾位上，庚子丙子巽宮起，癸卯己卯震方求，丙午壬午到坤崗，乙酉己酉飛坎宮。」

例如甲子、戊子、壬子日俱從離上起休門，每宮三日一換，陽順陰逆，起法與冬至後所舉例相同。

冬至四氣

甲子、乙丑、丙寅。戊子、己丑、庚寅。壬子、癸丑、甲寅，其氣居坎，故休門起坎也，丁卯、辛卯、乙卯，其氣居坤，故休門在坤。三日換一門，五日換一奇。

夏至四氣

甲子、乙丑、丙寅。戊子、己丑、庚寅、壬子、癸丑、甲寅，其氣在離，故休門起離也。所謂甲戌壬子離位，即指此而言也，三日換一門，五日換一奇，餘準此類推。

八節九宮圖

巽 四宮 立夏	離 九宮 立夏	坤 二宮 立秋
震 三宮 春分	中五	兌 七宮 秋分
艮 八宮 立春	坎 一宮 冬至	乾 六宮 立冬

八節三奇例

訣云：「冬夏二至順逆分，八節須歸甲子宮，當年歲下五虎遁，便知方位有三奇，辰戌丑未皆爲殺，可否中間事可施。」

例如：甲子年立春節後，乙酉奇出局，丙寅奇在艮，丁卯奇在離，甲祿在寅，馬在寅，（申子辰年馬在寅）。貴人在丑未出局，天煞辛未。四旺丁卯、庚午、癸酉、丙子、出局，金神庚午，辛未、壬申、癸酉，犯火乙，乙丑出局。

起三奇月例

例如己未年正月丙寅，初八日甲子，己亥時用事，立春節後艮宮起甲子，至離宮是太歲位處，就於離上用五虎遁起丙寅，便是奇至離，月建丙寅。就於離上起庚寅，順飛至中宮，乾兌是奇，奇虎起庚寅奇。

起神煞例

㈠太歲。㈡燭火。㈢喪門。㈣勾陳。㈤官符。㈥死符。㈦小耗。㈧大耗。㈨將軍。㈩黃帝。⑾吊客。⑿病符。

例如子年太歲在子，燭火在丑，官符在辰，次第順去八節，用五虎遁飛九宮，甲子年立春節，官符飛在北方壬癸之位，此節若在壬癸方，造作犯官符，餘倣此類推。

日時犯神煞例

巳 土星值日 角見斗	午 太陰值日 角見斗	未 水星值日 張見亢	申 金星值日 鬼見鬼
辰 木星值日 箕見鬼			酉 太陽值日 觜見婁
卯 火星值日 女見元			戌 火星值日 胃見牛
寅 太陽值日 室見斗	丑 火星值日 斗見婁	子 太陽值日 虛見鬼	亥 木星值日 壁見亢

太陽值日，子寅酉時犯，太陰值日，午時犯，火星值日，丑卯戌時犯，水星值日未時犯，木星值日，辰亥時犯，金星值日申時犯，土星值日巳時犯。

奇門掌中金要訣

此訣卽邊九掌訣也，其法是遁至奇儀順逆排，陽遁順佈六儀（卽六甲），甲子戊、甲戌己、甲申庚、甲午辛、甲辰壬、甲寅癸，逆佈三奇，星奇丁、月奇丙、日奇乙，陰遁逆佈六儀，順佈三奇。

宮局星門隨甲換，例如陽遁二局，就在邊九宮坤二上起，至甲子其時止，看甲旬符頭落在何宮，就將此宮星門二處，星爲值符，門爲值使。

日時須遁日上起時訣，如甲己還加甲，乙庚丙作初，丙辛生戊生，丁壬庚子居，戊癸何方落，壬子是眞途之類。

先將甲旬求符使，卽前甲旬落在何宮星符門使也，次覓時辰幾宮安，查明本時落在何宮，就以値門加之爲使。

再看時干落在何宮，例如以甲子至某甲符頭於邊九宮上，算至甲宮止，所餘者就是奇也，陽遁丁丙乙，陰遁乙丙丁，從上一宮甲子起，戊己庚辛壬癸，看本時干落於何宮，卽値符在此，乙丙丁所在亦然。

宮數星門要記的端，便成局矣，蓋八卦九宮有定位，雖遇陰陽二遁亦不飛動，九星亦有一定次序，須隨値符而飛，看某局上起，至某甲符頭，卽分星頭，又數至某時，卽爲門也。九星奇門不可錯，方能爲用，八門支干加地盤，須要相生方用，以生剋休旺推之，吉凶方有應驗也。

以時置閏，分冬夏二至前起，凡一月節氣，以三十日零五時二刻爲準，以三十日分六局，以餘五時二刻置閏，遇芒種大雪超過九日便當置閏，大概五日一元，一日十二時也。

甲己二字號符頭，此甲己乃至要之訣也，置閏以甲己二字爲主，假如甲之符先到，謂之超甲己之符，未到謂之接甲己，與甲同到謂之正授。

子午卯酉上局也，寅申巳亥中局求，辰戌丑未下局截，節通符，符遇節，符卽甲乙符頭，節卽節氣也。節前遇符便是超，節後遇符，便是接氣。

第二章　星、門、神煞之吉凶

(一)九星吉凶訣

(1)天蓬主事異，秋冬用訟安邊，春夏嫁俱亡，移徙有火災，官多險阻門逢凶，商賈埋葬俱不利，相會奇門略見通。

(2)天任之宿屬星儀，百事求謀利四時，造葬入官並請謁，行商娶祀吉遷移，主邊更喜氣神旺，來發機緣客已危。

(3)天衝報怨趁春温，萬里威風膽氣雄，不利秋冬春夏勝，商賈行徒入官迍，造葬修方娶產難，須知萬物來逢春。

(4)天輔修身利造營，征羸春夏利門平，罪刑此出逢天赦，遠出居官功亦成，嫁娶多兒增利市，謁求移徙却無情。

(5)天英之宿是天衢，遠行飲宴樂愉愉，出入葬埋宜嫁娶，徒官築室宜祀商，違勿愼勿輕加宿，彼若未攻自取危。

(6)芮星授道結交宜，作事征行不必為，盜賊憂驚傷不，小口災刑，因事被官羈大凶，春夏秋冬吉，縱得奇門福亦虧。

(7)天禽中主四時通，硬冲堅大有奇功，宜用智謀機括伏，祭神感應上官亨，商賈嫁娶行修造，奇門加到盡亨通。

(8)天柱艮方修造良，祀神嫁娶亦生光，藏形謹守斯爲美，移徙征行却受殃，營謀不善如輕動，妄行相交主中傷。

(9)天心星機神道輝，求仙合藥百爲宜，入官嫁娶及移徙，造葬征行祭祀時，泰在秋冬春夏日，利加君子小人危。

(二)八門吉凶訣(1)

(1)休門九九氣盈室，富貴子孫田土吉，祭祀修營入宅基，赴官遷徙事周全，產招難絕，出入興隆，北旺冬時數六一，南北婚娶有遠親，送來六畜官秩。

(2)生門八八氣盈星，凶煞皆降尊士精，因待女財人寄物，從茲致富子孫興，三年定有貴兒產，出入外州全，貨盈嫁娶種萌並造作，消災發福有奇靈。

(3)傷門氣短數三三，寅卯旺方音角間，漁獵捕征侵索債，更宜賭博追亡還，官司口舌重喪至，六畜遭瘟火盜艱，夫婦血光灾眼症，三旬產厄禍刀殘，刑名死以兼風疾，蛇虎傷人居不安。

(4)杜門四四星凶惡，木星時方寅卯泊，閉提絕水事封陪，追邪代盜並勾捉，出亡逃難斷慾宜，隱伏邀遮俱可托，去佞遠藏埋閉藏，克絕陰能久約用，動似防盜賊侵官刑，財散瘟疫蛇咬傷，雷打疥癰瘡，焚廩人亡家退落。

(5)景門七七紫氣盈，巳午旺南寅戌結，遣使上書能解危，求謀修造訪尋謁，葬埋嫁娶吉，中年給賞吏人如手足，獻策求名握陛親，舉科選士藻文潔。

(6)死門二二凶星逆，戊己坤艮方位，即穿獵漁網，刑戳宜送喪，吊死葬埋，益修營，妨長及平房，忤逆重喪亡，產憾所求不利，不宜行動，見敗亡，官落職。
(7)驚門無化氣爲逆，旺在庚申辛酉地，羅網張疑，立獄訟，攻門刑擊一齊到，逃亡捕得功能，買市營修皆可忌，致訟虛驚疾疫興，敗囚軍賊犬羊斃。
(8)開門六六氣營奇，謁貴求謀利有爲，立宅扦修官職進，外來財帛馬牛肥，蜂密窖活橫財發，富盛子孫利名齊，金土庚辛秋月旺，奴田畜產買商宜。

(三)八門吉凶訣(2)

一、休門水神貪狼

求公幹私遇休門，求財參謁貴人欽，欲速同行吉相助，出入嫁娶五福臨，休門已見百般食，出入經行得恁強，但求休門門見路，更逢吉利合衷腸。

二、生門土神左輔

但凡出入遇生門，吉曜臨之萬成，若有凶神相隔輟，求財所得利稱心，生門已見好經營，百事流通得稱情，此門出入逢歡喜，但求經營喜氣生。

三、傷門木神祿存

此門出門必見驚怪喧嚇事，扭洩血傷，歌曰：「出入求財如遇傷，難逢吉曜亦難當，跟前人惹疼病禍，自身須防有災殃，傷門往往是非傳，若出門來有過愆，採捕稱心雖是好，其餘不得不憂煎。」

四、杜門水神文曲

此門宜出行謁貴求財或遇，如避難者刑尅不吉，歌曰：「杜門公用各施行，亦見門中有吉星，茶酒自然留客住，忻懽百事喜相成，杜門曾見好經營，出入從來未解情，若然逃遁如避難，即是元水也不成。」

五、景門火神廉貞

此門出行見貴，博戲爭逐捕獵，行四十里，必見喜樂聲，歌曰：「遠行出入景門中，無尅無生半吉凶，若值星辰方位惡，心頭作事亦難通，景門出入且宜良，翫賞嬉中第一強，採獵捕魚人少得，無憂無喜見安康。」

六、死門土神巨門

此門宜出獵張捕殺生，千死一生，行二十里路旁心見死傷應之，歌曰：「參謁求謀入死門，吉神刻剝不堪論，若不自身作橫事，其人必定見傷痕，死門不可東西去，大抵爲名事莫言，死傷求哀爲不利，聖人怎背教胡傳。」

七、驚門金神破軍

此門不宜出門上官，諸事不吉，行六七里，必見驚怪犬物驗方，歌曰：「尋求走失出驚門，逃人財物盡郡存，更得吉星變刑尅，在失逃人自失魂，驚門一定有虛驚，出入如逢百不成，百般美事休更說，往往居家不稱情。」

八、開門金神武曲

此門宜上官見貴，出入求財廻避三十里，必見婦人或穿顏色衣人以應之，歌曰：「開門出入最爲良，萬事亨通大吉昌，出入求財定見喜，八方幹事一齊強，求財出入遇開門，自有欣歡百事成，更値吉星當位照，相逢酒食笑忻忻。」

㈣日家奇門九星神吉凶

一、太乙水神

逢着皂衣人求謁訪謁婚姻皆大吉，歌曰：「門中見太乙，星曜號貪狼，博奕錢財衆，婚姻大吉昌，出門無阻滯，參謁見賢良。」

二、攝提土神

遇死門大凶，逢老婦悲啼，再逢牛犁耕田不吉，歌曰：「遠行遭羈絆，耕地損牛犂，相生又間可，相尅見災危，死門並相見，老婦哭悲啼，求財與嫁娶，萬事不相宜，主隱匿藏遁，言動則傷身。」

三、軒轅水神

路遇宜見於十五里外，歌曰：「出入遇軒轅，作事必牽纏，相生災侵慢，相尅必憂煎，遠行逢迍邅，博奕定輸錢，九天玄女法，句句不虛傳。」

四、招搖木神

逢二親人，又見婦人口舌，怪夢驚恐，隣家釜鳴屋響不吉，歌曰：「招搖號木星，當門百事成，相尅行人阻，陰人口舌迎，白夢多驚恐，屋響釜自鳴，陰陽消息用，作用不容情。」

五、天符土神

歌曰：「五鬼是天符，當門陰女謀，相尅無好事，言客在程遲，走天難得見，吊客惹成孤，此星當門值，切忌有災來。」交戰出軍，迎鋒出陣，轉運軍糧則利。

六、青龍金神

路逢醫人式是酒，仙令博奕於道中，歌曰：「門內見青龍，求財喜重重，每逢茶酒食，博奕定見贏，相生錢財旺，休言尅破刑，接貴安榮寨，萬事喜和同。」

七、咸池金神

不可行軍破敵，歌曰：「五將號咸池，當門事不宜，相生皆無破，相尅有災危，博奕相輸脫，求財空手歸，神仙眞妙訣，愚人要與知，軍事虛驚退，反覆逆風吹。」

八、太陰土神

行六七里見有小兒牽羊至，求財成就吉，歌曰：「當門見太陰，百禍不能侵，方行六七里，知交有覓尋，妙法牢收取，囘軍引馬前，有伏兵截路，愼不可輕行。」

九、天乙火神

行三十里見一婦人，着五六色，遇抱小兒百事吉，歌曰：「門迎天乙星，相生百事成，動用皆和順，茶酒自相迎，求婚行嫁娶，相會天自成，出軍交兵陣，一見定勝贏。」

(五)八門遇九星神獲吉斷例

休門若逢遇青龍，凡事謀爲盡亨通，覓利求財興百倍，出軍排陣定摧鋒，休門太乙百事興，相爭戰鬬旺雄兵，起營立寨終須勝，見貴參官喜相逢。休門天乙事事興，出入求財大快亨，多遇貴人憐憂喜，邀迎酒食得人欽。

生門最喜見靑龍，謁貴謀爲百事通，經商定獲千倍利，出入無憂展笑容。生門太乙福德多，所求稱意任張羅，覓利求財千百倍，出入行軍無滯過。生門若遇天乙星，出入定無爭鬭迎，佈陣排兵皆得勝，萬事從心大吉昌。

開門若得遇靑龍，覓利重逢得裕豐，謁貴參官多見愛，求謀出入定無空，開門若合太乙星，紼時刼寨好偸營，出戰行兵無不勝。百事如意用安寧，開門如遇天乙星，行軍出陣莫猜疑，求財經營多得利，參官偏得貴人財。

八門吉凶隨事行，不但生休與開門，節氣若排十干上，悉心詳究自分明。

(六)十干日凶時（又名五不遇時）

六壬遁甲專征伐云：「五不遇時，陰陽交會干天庭，時干尅日干，動必有災。」五不遇時，謂干尅日干是也，縱有奇門皆不利，如遁甲三奇，乙、丙、丁，若合開門生三吉門，倘逢五不遇時者，凡興兵謁上遠行，造作百事不利，切宜避忌爲要，例如甲日午未時，時干見庚辛金尅日干之甲木者是，餘倣此類推。

(七)八門所宜

休門宜出貴人留，杜門藏身可免憂，景門求財多獲利，傷門索債必得收，生門嫁娶遠行吉，驚門遇喜未必週，死門捉捕並漁獵，開門順利偏九州。

(八)九星神所宜

太乙凡爲百事通，攝提到處便爲凶，招搖出入多風雨，軒轅鬪毆血光逢，咸池臨處多官事，太陰取用暗財充，天符射獵打圍吉，青龍財喜兩重重，天乙所求百事遂，九星吉凶妙無窮。

第三章　十干尅應吉凶

(一)以日爲主

六甲同六戊，天盤戊加地盤戊，謂之伏吟，凡事閉塞靜守爲吉。戊加乙爲青龍合靈門吉事吉，門凶事凶。加丙爲青龍返首，動作大利，若逢迫墓擊刑，吉事成凶。加丁爲青龍耀明，謁貴求名吉利，若値墓迫，招是招非。加己爲貴人入獄公私皆不利。加庚爲値符飛宮，吉事不吉，凶事更凶。加辛爲青龍折足，吉門生助，尙可謀爲，若逢凶門，主招災失財，有足疾。加壬爲青龍入天牢，凡陰陽皆不吉利。加癸爲青龍華蓋，吉格者吉招福，門凶多乖。

乙加戊爲利陰害陽，門逢凶迫，財破人傷。加乙爲日奇伏吟，不宜謁貴求名，只可按份守身。加丙爲奇儀順遂，吉星遷官進職，凶星夫妻離別。加丁爲奇儀相佐，文書事吉，百事皆可爲。加己爲日奇入墓，被土暗昧，門凶必凶。（得二吉門爲遁）。加庚爲日奇被刑，爭訟財產，夫妻懷私。加辛爲青龍逃走，奴僕拐帶，六畜皆傷，加壬爲日奇入地，尊卑悖亂，官訟是非、加癸爲華蓋逢星官、遁跡修道、隱匿藏形、躲災避難爲吉。

六丙加六戊，名飛鳥跌穴，謀爲百事洞澈。

加乙爲日月並行，公謀私行皆吉，加丙爲月奇孛師、文書逼迫、破耗遺失。加丁爲辛奇朱雀貴人文書吉利，常人平靜，（得三吉門爲天遁）。加己爲太孛入刑、囚人刑杖、文書不行、吉門得吉、凶門轉凶。加庚爲熒入太白、門戶破敗、盜賊耗失，加辛爲謀事就成、病入不凶，加壬爲火入天羅、爲客不利、是非破多，加癸爲華蓋孛師、陰人害事、災禍頻生。

六丁加六戊爲青龍轉光，官入陞遷，常人威昌。

加乙爲人遁吉格，貴人加官進爵，常人婚姻財喜，加丙爲星隨月轉、貴人越級高陞、常人樂裏生悲。加丁爲奇入太陰、文書即至、喜事遂心。加己爲火入勾陳、奸私讎冤、事因女人。加庚爲年月日時格、文書阻隔、行人必歸，加辛名曰朱雀入獄、罪人釋囚、官人失位，加壬名曰五神互合、貴人恩詔、訟獄公平，加癸名爲朱雀投江、文書口舌俱消、音信沉溺。

六己加六戊名犬遇青龍、門吉謀望遂意、上人見喜、門凶枉勞心機。

加乙名爲墓神不明、地戶蓬星，宜遁跡隱形爲利逸。加丙名曰火孛地戶，陽人寃寃相害，陰人必致淫汚。加丁名曰朱雀入墓、文狀詞訟、先曲後直，加己名爲地戶逢鬼，病者必死、百事不遂。加庚名曰利格返名，詞訟先動者不利，陰星有謀害之情。加辛名遊魂入墓，大人鬼魅，小人家先爲祟。加壬曰地網高張，狡童佚女姦情傷殺。加癸曰地刑玄武，男女疾病垂危，詞訟有囚獄之災。

庚加戊曰太白天乙伏官，百事不可謀爲山。

加乙爲太白蓬星，退吉進凶。加丙曰太白入熒，占賊必來，爲客進利，爲主破財。加丁曰亭亭之格，因私暱起官司，門吉有救。加己曰名爲刑格，官司被重刑。加庚曰太白同宮，官災橫禍，兄弟雷攻。加辛曰白虎干格，遠行車折馬死。加壬遠行失迷，道路男女音信嗟呀，加癸名為大格，行人至，官司止，生產母子俱傷大凶。

辛加戊曰困龍被傷、官司破敗、誡抑守份、妄動禍殃。加乙曰白虎猖狂、人亡家敗、遠行多殃、尊長不喜、車船俱傷。加丙曰干合孛師、熒惑出現、占雨無、占晴旱、占事必因財致訟。加丁曰獄神行奇、經商獲倍利，囚人逢赦宥。加己曰入獄自刑、奴僕背主、訟訴難伸。加庚曰白虎出力，刀刃相接，主客相殘，遜讓退步稍可，強進血濺衣衫。加卒為伏吟、公廢私就、訟獄自罹罪名。加壬曰凶蛇入獄，兩男爭女、訟獄不息、先動失理。加癸曰天牢華蓋、日月失明、誤入天網、動止乖張。

甲壬辰加甲子戊，名曰小蛇化龍，男人發達，女產嬰童。加日奇六乙，名曰小蛇，女子柔順，男人嗟呀，占孕生子，祿馬光華。加月奇六丙，名曰水蛇入火，官災刑禁、絡繹不絕。加星奇六丁，名為干合蛇刑、文書牽連、貴人匆匆、男吉女凶。加甲戌己，名曰凶蛇入獄，大禍將至，順守斯吉，詞訟理曲。加甲申庚，名曰太白擒蛇，刑獄公平，立剖邪正。加甲午辛，名曰騰蛇相纏，縱得吉門，亦不能安，若有謀望，被人欺瞞。加甲辰壬，名曰蛇入地羅，外人纏繞，內事索索，吉門吉星，庶免蹉跎。加甲寅癸，名曰幼女奸淫，家有醜聲，門吉星凶，反禍福隆。

甲寅癸加甲子戊，名曰天乙會合吉格，財喜婚姻，吉人贊助成合，若門凶迫制，反羅官非。加日奇六乙，名曰華蓋蓬星、貴人祿位、常人平安。加月奇六丙，名曰華蓋孛師，貴人逢之，上人見喜。加星奇六丁，名曰騰蛇妖嬌，文書官司，火焚莫逃。加甲戌六己，名曰華蓋地戶，男女占之，音信皆阻，躲災避難爲吉。加甲申庚，曰太白入網，爭訟力平。加甲午辛，曰網蓋天牢，占訟占病，死罪莫逃。加甲辰壬，曰復見螣蛇，嫁娶重婚，後嫁無子，不保年華。加甲寅癸，名曰天網四張、行人失件，病訟皆傷。

㈡以時爲主

時加六甲，一門一闔，上下交接，陽星爲開，陰星爲闔，孟仲爲闔，季加爲開。

時加六乙，往來恍惚，與神俱出，加地盤乙與日奇同行，謀爲皆吉。

時加六丙，萬兵萬往，王侯之象，加地盤，丙爲天威，行兵謀爲，有吉無凶。

時加六丁，出幽入冥，到老不刑，加地盤丁者，爲挾玉女而行，謀爲百事皆吉。

時加六己，如神所使，出彼凶咎，加地盤，己爲地戶刑伏，藏私匿，利私不利公。

時加六戊，乘龍萬里，莫敢呵止，加地盤戊爲天武，公私謀爲皆吉。

時加六庚，抱木而行，強有出入，必有鬥爭，加地盤庚爲天刑，凡事吉。

時加六辛，行逢死人，強有作爲，殃罰纏身，加地盤辛爲天庭，謀爲皆凶。

時加六壬，爲吏所禁，強有出入，非禍相侵，加地盤壬爲天牢，百事俱凶。

時加六癸，衆人莫視，不知六癸出門即死，加地盤癸爲地網，利隱遁，餘事皆凶。

第四章　天星值時之吉凶

㈠天蓬星

訟庭爭競遇天蓬勝，捷名威萬里，春夏用之皆為吉，秋冬用之半為凶。嫁娶遠行皆不利，修造埋葬亦閉空，須得生門同丙乙，用之萬事皆昌隆。

天蓬值子時，主有雞鳴犬吠，宿鳥鬧林、或有鳥自北方爭鬥飛來作用，後缺唇人至，六十日後應，雞生肉卵，主口舌官訟退財凶。

值丑時，主樹倒傷人，有雷電大作及風雨為應，主七日內雞生鵝卵，犬上房，百日內傷小口，白頭老人作中、進田產，十年大旺，後主退敗。

值寅時，主青衣童子持花來，北方和尚裹衣至，又主女人來為應作用，後主有賊刼家財，六十日蛇入屋咬人牛馬，死傷人口，三年後進田宅。

值卯時，主黃雲四起，婦人拿鐵器前來，大蛇過路為應作用，後半月有微音人送財物來，六十日內女人被賊害破財，百日內得橫財大發。

值辰時，主東北樹倒傷人，鼓聲四起，女人着紅衣至為應作用，後主鵲噪鴉鳴繞屋，賊人盜財物，六十日內病脚人上門抵賴，三年內生貴子發福。

值巳時，主駝背人着毛衣，女子携酒至，及師人來為應作用，後百日內大發橫財，因武勇得官發達。

值午時，主有人持刀上山，婦人領青衣童子至爲應作用，後四十日家主死，六十日犬作人語入屋作怪，風脚人行凶破財，三年發旺。

值未時，主童子趕馬牛至，鷺鷥自北方飛來，女人着紅衣至爲應作用，後六十日，至賊人入屋，刼掠財物凶敗。

值申時，主有取水人，並持傘蓋至西方，小兒打水擂鼓叫喊爲應作用，後二十日雞窩內有蛇傷物，百日內少婦自縊，爲淫慾起官司凶敗。

值酉時，主西方有馬行來，群鴉飛鳴爲應作用，後百日內生貴子，僧道作牙進商音人，財產大發。

值戌時，主老人持杖來，髫鬟人擔籮筐至，西方雷雨至爲應作用，後有白犬自來，八十日拾軍器得橫財發大富。

值亥時，主小兒成群至，女人着孝服爲應作用，後六十日因捉賊得錢穀，三年內賣藥及符水發財。

㈡天芮星

天芮授道結交，宜行方值之，最不吉，出行用事皆宜退，修造安塋禍難測，賊盜驚惶憂小口，更有官事被官責，縱奇門從此位，求其吉事皆虛僞。

天芮值子時，秋冬用吉，春夏用凶，有飛禽戰鬪，西南方上火光二人相逐爲應用，後主貓犬瘋癲傷人惹官事，六十日內女人自縊死，秋冬用之當進羽音財產發旺，及婦人喜事吉。

值丑時，有鼓聲自西北方至，七日內主龜鼈自林中來，六十日主盜賊官司破財凶。

值寅時，主瘦婦懷孕至，夏秋主披蓑衣人至，春着皮衣人來爲應作用，後如得奇門旺相，六十日內牛入屋進血財，官祿至，子孫興旺大發。

值卯時，主女人着色衣送物及貴人騎馬來，二犬相咬牛鳴爲應作用，後六十日進東方人財產，犬傷小兒進血產，三年內婦人難產凶。

值辰時，有東方樹倒傷人，鼓樂鳴，女人着紅衣至爲應，鵲繞屋飛鳴，因賊破財作用，後六十日瘋脚人上門賴婚，後生貴子發旺。

值巳時，有婦人少女同至爲應作用，後四十日進絕戶人田契一年，因水大發財。

值午時，有缺唇白衣人至，孕婦過爲應作用，後六十日貓咬人，因買賣大發財，得東鄰產業大發。

值未時，有捕獵人至，白衣僧道携茶過爲應作用，後七日有烏鵲繞樹鳴噪，一年內動瘟癀，火燒屋蕩敗。

值申時，主東方傘蓋人過僧道鬍鬚人至爲應，主牛馬傷人，犬吠人作用，後二百日內進羽音人產業，一年內水牛入屋野鳥進宅，家主疾病。

值酉時，主有西方馬過，群鳥鳴飛爲應作用，後百日內僧道作合，進商音人產生貴子發旺。

值戌時，有老人扶杖至，西方雷雨，鬍鬚人擔物來爲應，後有白犬自來，六十日拾軍馬器得橫財大發。

値亥時，有小兒成群，婦人着孝服至爲應，後六十日因賊得財，三年後因符水藥劑發財，天芮値戌亥二時與天蓬値戌亥二時應驗相同。（特說明之）

㈢天衝星

嫁娶安塋產女驚，出行移徙有災迍、修造解埋皆不利，萬般作爲且逡巡。

天衝値子時，主仙禽鳴噪鐘聲爲應作用，後有生氣入宅，一年內田蚕倍收，新婦亡後因口舌得財。

値丑時，主雲霧四合，小兒成隊及婦人至爲應作用，後黑貓生白子，拾得古鏡發財，一年內得僧道田契生貴子。

値寅時，主貴人乘轎馬，及執金銀器至爲應作用，後亦十日進文契、六畜並玩璃器物入宅，母雞啼，家主有災，因口舌得財，乙巳丁生者發富貴。

値卯時，主女人穿色衣送物，及貴人騎馬至，二犬嘶咬，又主牛鳴爲應作用，後六十日進東方人產業，湯火傷小兒進財，三年內婦人難產凶。

値辰時，有魚上樹，白虎出山，僧道成夥至爲應作用，後四十日內拾得黃白之物發橫財，七十日內家主有折傷之患。

値巳時，主牛羊爭行，二女嘶罵，西方有鼓聲爲應作用，後六十日內蛇咬，雞牛入屋，女人送文契，百日內生貴子大發。

值午時，主有東方人家火起，白衣人叫喊，山鳥鳴噪爲應作用，後六十日內拾古銅器物發財產。

值未時，有鼓聲響，小兒着孝衣，牛馬成群過，西北方人喊叫爲應作用，後六十日內，白羊入屋發橫財，六畜興旺。

值申時，主南方白衣人騎馬過，吏卒爭鬥爲應作用，後一百日內，女人作牙，添進人口發財產。

值酉時，有遠方書信至，東方人家說狐狸，有人喊叫，婦人掌火爲應作用，後三年內生貴子橫發富貴。

值戌時，西方有三五人來尋物，及師巫人對走爲應作用，後六十日雞鳴上樹，遠信至，得外人財，一年內小兒被牛踏傷。

值亥時，有跛足青衣人至，東方人家起火爲應作用，後一百日內貓捕白鼠，一年內得財進人家田契。

(四)天輔星

天輔之星遠行良，修造埋葬福綿長，上官移徙皆吉利，喜溢人財百事昌。

天輔值子時，主西方人着紅衣，大叫前來爲應作用，後六十日進商音人財物，猴入室，寶瓶鳴，主加官進職，生貴子，十二年興旺吉。

值寅時，有公吏人持鐵器至，及藝人送物來爲應，六十日內進田契，十一年生貴子大發。

值卯時，有女人持傘至，師巫吹角聲爲應，六十日內發財添丁，有生氣物，家旺財穀，因女人公事進田地財產。

值辰時，白羊與黃犬相鬥，賣菜人與賣油人相撞，白衣小兒啼哭，孕婦至爲應，一年內生貴子財產大發。

值巳時，有二人相打，女人抱布衣，風四起，小兒啼哭，六十日進東方財產，鬼神運來大發。

值午時，僧道拿物，女人着紅衣過爲應，六十日有貴人送異物，進四方金銀，一年內得寡婦財產大發。

值未時，主二畜相觸，有人携皮毛至，僧道成群過爲應作用，後西北方人爭財，百日內進財物文契。

值申時，有患足人携酒至，三色衣人來，西北方鼓聲鳴爲應作用，後半年內蛇由井中出，白衣人送牛羊至，得婦人財發家。

值酉時，主有遠方書信至，東方人言狐狸，或有人喊叫爲應，女人拿火至，後三年內生貴子，橫發財產。

值戌時，主有三五人來尋物，師巫對行爲應，六十日雞上樹鳴，遠信至，得婦人財，小兒被牛傷，一年內驗之。

值亥時，主有跛足人至，青衣人來，東北方人家火光爲應作用，後百日內貓捕白鼠，一年內進田產。

㈤天禽星

天禽遠行偏得利，坐賈行商皆稱意，投謁貴俱益懷，修造埋葬都豐裕。

天禽值子時，主有孕婦來，紫衣人至爲應作用，後五十日有文人送物，三年內因武得官，二十年外財穀廣益，人丁千口財旺。

值丑時，主孝婦拿錫器來，小兒拍掌吹哨打鼓喊叫作用，後因賭戲得財，或開窖得財，三年內得盜賊財發家致富。

值寅時，主雞鳴犬吠，道人戴棕笠至爲應作用，後進羽音人田契人丁發旺。

值卯時，主有大風東起，禽鳥西叫，孕婦至爲應作用，後半年內得橫財起家。

值辰時，主九流人相爭叫，東方烏鴉鳴爲應作用，後六十日有僧道及孤獨人送物來。

值巳時，主有白項鴉成群飛來，及巫師相打，貴人騎馬過爲應作用，後七十日內，主婦人生貴子成家，田產大旺。

值午時，主有白衣人至，狗啣花山雞鬥，風雨至爲應作用，後有人自來，因賭氣公事得財，黑雞生白雛，田產發旺。

值未時，主有老年跛足擔花過，或青衣人携物至爲應作用，後六十日內進羽音人鐵器發旺。

值申時，主空中飛鳥啼，師巫拿紙物來爲應作用，後百日內女人拾珠翠歸，一年內生貴子起家。

值酉時，主西方火起，人家吵嚷，鼓聲喧鬧爲應作用，後一年內生貴子發旺。

值戌時，主東北方有鐘鼓聲，青衣女子携籃至爲應作用，後六十日內，主白鼠來，得寡婦財物發達。

值亥時，主有西北方婦人笑聲，大起狂風折樹毀屋人，喊叫爲應作用，後百日內進鐵匠器物及僧道產。

㈥天心星

天心求仙合藥，當商途客旅財祿昌，更將遷葬得吉利，萬事欣逢盡高強。

天心值子時，主有人爭鬥，鼓聲西北起爲應作用，後九十日內有赤面人作合，進商音人古銅書軸，十二年田蠶發旺。

值丑時，主西南方有火光跛足人送物至，五日內雙貓自來爲應作用，後四十日有遠方送物，進商音人財產文契。

值寅時，主有水鳥至，鐘鼓鳴，青衣女子提籃至爲應作用，後火燒小口，六十日有公事，百日進金銀，拾古器進人口產業，三年因妻得財生貴子。

值卯時，主有跛足婦人相打，犬吠及鼓擊，北方轎至爲應作用，後七日內進財物，三年內有牛馬來，財祿大旺。

值辰時，主雲從西北起，青衣人拿魚至，女人與僧道同行爲應作用，井中氣出如雲，三日內生貴子，後主科第富貴。

值巳時，主有人抱小兒至，紫衣人騎過爲應，龜上樹作用，後半月內進遠方人財，跛足人作合進田契，六畜旺，女人治家，寡婦坐堂。

值未時，主有法術人拿空器過，白衣老人至爲應作用，後得商音姓人文契田宅發富。

值申時，主有僧道來，金鼓四鳴，百鳥齊噪，紅裙女人送酒爲應作用，後三年內寡婦持家。

值酉時，主僧尼道姑拿火，自西南來，北方鐘鼓聲爲應作用，後七十日內得馬牛，得官府財女人小產死凶。

值午時，主有風雨驟至，蛇橫路，女人着紅裙提酒至爲應作用，後六十日內有跛足人送活物，五年內橫發財產。

值卯時，主有人伐樹，男人拿鼓，黃衣老人拿鋤鐮過爲應作用，後六十日內，母雞犬上屋，一年內少婦凶死。

值戌時，主南方喊叫有賊，小兒牽牛至爲應作用，後百日內生貴子，金雞石上鳴，無故犬吠，二年後中科第。值亥時，主雞鳴犬吠，老人着皮衣帽至，手拿鐵器爲應作用，後七日內有遠人來借宿，遺下財物而去。

㈦天柱星

天柱星藏形謹守宜，不須遠行及營爲，商賈百事皆不利，動作立刻見凶危。

值丑時，主有北方木匠拿斧、樹上生金花爲應作用，後六十日羽音人進金銀器，三年內火災見血光破財。

值寅時，主牛馬喧鬧，僧道拿傘蓋至有雷雨，喜鵲噪爲應作用，後主賊人牽連，官訟破財，主敗家產，出人弄蛇戲犬。

天柱值子時，主有風雨火從東方起，缺唇人至爲應作用，後六十日內蛇犬咬人，刀刃傷人，

值辰時，主有人自西方拿金器來爲應作用，後七日內進陰人財物，三年內大發。

值巳時，主有黑牛拉猪車上山，鐘鼓聲鳴爲應作用，後二十日內進商音姓人財物，六十日內有女人下水，野物入宅，一年內生貴子大發之兆。

值午時，主有人騎馬至，冬月雪，夏秋有鴉飛鳴爲應作用，後五日孕婦帶疾行孝服哭泣，六十日內水邊得古銅器退財，小口凶。

值未時，主有女人與僧道同行，東北方人携傘蓋騎馬過爲應作用，後因女人見狐狸，退敗大凶。

值申時，主有鷹捕鳥落地，及青衣人携傘蓋至爲應作用，後三年內天火焚宅，家業大敗凶。

值酉時，主東方有大小車連絡數十輛行爲應作用，後七十日內得女人首飾發財。

值戌時，主有女人抱白布物至，西北方有鼓聲爲應作用，後東北方樹打人喊叫，六十日內蛇蝎傷人，瘟疫死，大敗凶。

值亥時，主西北方有鐘聲爲應，山下人喊叫作用，後百日內，因救火得財大利。

(八)天任星

天任吉星諸事皆通，祭祀求官嫁娶同，斬絕妖蛇移徙事商賈造葬喜重重。

天任星值子時，主有風雨至，水畔雞鳴，東南方有人帶刀過爲應作用，後百日內主婦人離異，點水姓人上門抵賴退田產，出入男盜女娼凶。

天任星值丑時，主青衣婦人提酒至，西方鼓聲爲應作用，後半年內進巽方財物，一年內鸚鵡

入宅，因口舌得財，三年後貓犬相咬，主發科吉。

天任星值寅時，主女人成隊至，或拿火來，童子拍手大笑爲應作用，後六十日內甑鳴老翁死，百日內進六畜，女人財寶自來，田蚕發旺，後因缺唇人爭婚姻事敗。

天任星值卯時，主有老人持杖至，喜鵲鳴噪爲應作用，後七日內有人送銅鐵器物，六十日內因女人得進六畜，賭博贏，官祿至吉。

天任星值辰時，主有白衣男女同行，或孕婦抱小兒爲應作用，後有人送活物至大吉。

天任星值巳時，主有二犬相爭，野人負柴薪，吏人拿傘過爲應作用，後六十日得外方人財物，南方人送魚至，一年內生貴子，發富貴吉。

天任星值午時，主西方黃色禽鳥飛來，僧道與儒士同行爲應作用，後四十日得貴人財寶，紫衣人進宅生貴子吉。

天任星值未時，主有白鳥自西南方飛來，北方鐘鼓聲爲應，風雨至作用，後七日外女人送白衣物或白紙物來，主六畜興旺。

天任星值申時，主風雨陡至，人打鼓，僧道着黃衣爲應作用，後七日內女人被火燒傷敗凶。

天任星值酉時，主僧道尼姑持火自西南方來，北方鐘鼓聲爲應作用，後七十日內得官員財物進牛馬，喜信至，大吉錢財豐美大利。

天任星值戌時，主有女人抱布來，西北方鼓聲，北方樹木傷人爲應作用，後六十日內蛇咬人凶，若有老人與小兒同至，即解禍爲福。

天任星值亥時，主西方磬鳴，人拿火喊叫爲應作用，後一年內因救火得財大利。

㈨天英星

天英星嫁娶有凶，遠行移徙不宜逢，上官商賈凶敗死，造作求財一場空。

天英星值子時，主有鏵聲自西北來，三五人掌火伐木爲應作用，後一年內主有殘疾人抵賴破家，三年內自刎，小兒因湯火灾傷。

天英星值丑時，主東北方師巫僧道至，鑼聲鳴爲應作用，後一月內火傷燒房屋，一年內犬作人言，百怪俱見，死亡大敗凶多吉少。

天英星值寅時，主東方有兵馬來，及捕魚人持網過爲應作用，後女人路上拾財物，六十日內進寡婦田產，龍雷折屋凶。

天英星值卯時，主有人提燈籠過，或持米來，雷鳴爲應作用，後六十日內進女人財寶發家。

天英星值辰時，主西北方女人携物來，雞上樹爲應作用，後七十日，野物進宅，大發財產。

天英星值巳時，主有人抱文書持傘蓋至，或錫抱磁器爲應作用，後六十日內得異姓人財產，南方人送活物來，一年內生貴子發達。

天英星值午時，主有人自南方來，着紅衣或騎馬持文書至爲應作用，後六十日內被木石打死，及自縊人命官司凶。

天英星值未時，主有懷孕婦人過，西北方鼓聲爲應作用，後七十日內大凶。

天英星值申時，主有孕婦哭泣，西方鐘鼓聲，僧道拿物過爲應作用。

天英星值酉時，主西方有人吵鬧，烏鵲鳴噪，白衣女人過爲應作用，後七十日內大凶。

天英星値戌時，主女人持瓦器或鐵物怒罵爲應作用，後百日內因詞訟破財。
天英星値亥時，主有女人掌火來爲應作用，後有瘋癲人上門抵賴，身死破財。

第五章　三奇到九宮尅應之吉凶

㈠乙奇到宮吉凶

乙奇到乾宮，有人着黃衣至，或扛錢過爲應，後六十日內進商音人財產大發。

乙奇到坎宮，有人着皂衣至，或有鼓聲爲應，後七日得財喜氣臨。

乙奇到艮宮，有着白衣至，或纏物來，或用網裹魚來爲應，後一年內進人口，若有人送家禽來者大吉。

乙奇到震宮，有漁獵人至，並小兒二人向來爲應，後七日內進財寶，若聞有東方產亡者大發。

乙奇到巽宮，有白衣人騎馬過，或小兒作戲耍爲應，後三年內生貴子，進東方財產，若聞東方人家失火，或有縊死者，必大發。

乙奇到離宮，有人着色衣爲應，後三十日進橫財，若聞東方有刀刄自殺者必大發。

乙奇到坤宮，有三五人至爲應，後七日進橫財，六十日進文契，若聞南方有雷牛畜者大發。

乙奇到兌宮，有三五少婦至，或烏鵲成群爲應，後三日或三十日進角音人財大發，或生牛馬者橫發。

㈡丙奇到宮吉凶

丙奇到乾宮，有披衣人至，或烏鵲成群飛來爲應，後月內進寡婦財產文契，若聞南方有生產者發旺。

丙奇到坎宮，有瞽目人至，及北方有鳥飛來爲應，後百日或一年因水火生財大富。

丙奇到艮宮，有人着青衣至，小兒哭泣，或童子手拿銅鐵器物爲應，後七日內進財寶，周年內進白馬發旺。

丙奇到震宮，有武大將軍器至，若春月有雷聲或鼓聲爲應，後十日內外進古銅器，一年內生貴子，北方有龍雷震者必大發。

丙奇到巽宮，有鼓音歌樂爲應，後七日有色衣人至，家招橫財，若聞南方有大驚者，必然橫發。

丙奇到離宮，有黃色飛禽成隊來爲應後，或一日或六十日進坑壠田蚕發旺。

丙奇到坤宮，有皀衣人至，或烏雀在南方鳴爲應後，二七日進南方人財物，或一年內進牛羊及絕戶人財產大發，若聞東方有鼓聲更吉。

丙奇到兌宮，有人持杖並拿酒器及抱小兒爲應後，更有鼓樂之聲，七日進財，周年內進人財，及坤艮二方財產大發。

㈢丁奇到宮吉凶

丁奇到乾宮，有人持刀刄至，或牽馬過爲應後，二十日內或七十日內動土得財大發。

丁奇到坎宮，有人抱小兒來，南方雲雨至，黑禽自西方來爲應，百日內有喜慶婚姻事大吉。

丁奇到艮宮，有人與小兒打狗爲應後，七日或七十日內進黃黑色活物，半年內進人口及田契發旺。

丁奇到震宮，有二女子着青衣至，或雙夫婦至，或黑白禽自南方來爲應後，七十日內進黃白活物大發。

丁奇到巽宮，有小兒騎馬過南方，雲起北方下雨爲應後，週年人落水淹死，婦人產亡凶。

丁奇到離宮，有蹶足人或睛眼人至，及小兒騎馬過爲應後，七十日內因火生生財發旺。

丁奇到坤宮，有女人着青衣至，與僧道同行，或黑牛拉車爲應後，七十日內因水破財致敗。

丁奇到兌宮，有人抱文書印簿至，或趕牛羊鹿爲應後，六十日內進田宅致富。

第六章　十干尅應簡易吉凶法

六甲天德貴有餘（名），陽日青衣男人爲應，三日內得祿吉。

六乙僧道九流宜（名賢），天貴主高，陽日陽星爲南貴人，陰日陰星主僧道爲應，八日或八十日主有光輝，喜事至吉。

六丙飛龍見赤白（名威），天行逢騎，赤白馬人着青衣爲應，七日或七十日進財寶文契。

六丁玉女好容儀（名玉女），陽日大女人，陰日少女人爲應，二十七日進古器。

六戊旗鎗並鑼鼓（名天武），陽日鑼鼓聲，陰日歌唱聲，年內進武人財。

六己黃衣並白衣（名地戶），陽日黃衣男人，陰日白衣女人，或一男一女並行爲應，五十日有遠親至。

六庚喪服幷兵吏（名天利），陽日陽星爲兵吏，陰日陰星爲孝服，服人應四十九日內有文字官事。

六辛禽鳥並鴉飛（名天進），陽日陽星爲白人，陰日陰星爲飛鳥應，年內因口舌作牙得財。

六壬雷霆及雨雪（名天牢主，千里雷霆），陽國陽星皂衣人，陰日陰星白衣人應，年內進人口。

六癸孕婦喜欣歸（名天藏），陽日陽星爲漁獵人，陰日陰星爲孕婦應，六十日得銅鏡。

第七章　八門尅應吉凶訣

㈠開門尅應之吉凶

訣云：「開門欲得照臨來，奴婢牛羊百日迴，財源婚姻田地入，興隆宅舍有資財，產業招得商音送，巳酉丑年人必來，蔭襲子孫多拜授，紫衣金帶沐恩回。」

開門屬乾，乾中有亥，乾納甲壬，金動水生，水生而生萬物，故爲資生萬物之初，又爲天門所以吉也。若得乙奇相合，名爲天遁，得日精所蔽。與丙奇合，得月精所蔽，與丁奇合，得太陰所蔽。凡有所求爲宜，名正言順，公事從之而百吉百泰。若爲陰私之事，必犃他人洩漏，反遭凶咎。喜乾兌之宮爲相氣，入坎宮爲坎宮金水相生，如母顧子所以爲吉。出行四里或四十里，見猪鼠等物，六十里見貴人車馬逢酒食事，艮宮入墓，震宮爲迫，又爲四氣，巽宮反吟，離宮金被火尅，不利開門。出行三十里見貴人騎馬吉，四十里見猪馬有酒食吉，乙奇臨，見貴人著紅衣，丙奇臨，見老人持杖，丁奇臨，見人執竹木等物爲應吉。

一、動應

開門加開，六十里見貴人及打鬥者爲應。

加休門，一里十一里逢四足畜物相鬥，婦人着皂衣及文人言功名事。

加生門，八里十八里逢陰人并四足物，或陽人言爭產財帛等事。

加傷門，三里十三里，逢婦人車馬隨人弄火。
加杜門，四里十四里，逢陽人急唱或僧道爲應。
加景門，九里十九里，逢貴人騎馬或抱文書爲應。
加死門，二里十二里逢老人啼哭，或開土埋葬爲應。
加驚七里十七里逢兄妹同行爲應。

二、靜應

開門加開，主貴人寶物財喜。
加休門，主見貴人財喜，更主開張店舖貿易大利。
加生門，主見貴人，謀望所求遂易。
加傷門，主變動更改移徙事皆不吉。
加杜門，主失脫刋印書契小凶。
加景門，主見貴人，因文書事不利。
加死門，主官司驚憂，先憂後喜。
加驚門，主百事不利。
占命金水金者吉利，土命平隱，火木二命主官司疾病破財不利。
斷曰：開門加甲，財名俱得，加乙小財可求，加丙貴人印綬，加丁遠信必至；加己事緒不定，加庚道路詞訟，謀爲兩歧，加辛陰人道路，加壬遠行有失，加癸陰人失財小凶。
又斷：見官得理，作事欣然，尋人得見，大利上官求財必遂，病人易安，出行合伴，行人將還，貿易開張移徙皆吉，謁貴利濟造作獲安，百事悉佳，無不欣然迪吉。

㈡休門尅應之吉凶

訣曰：「休門最好聚資財，牛馬猪羊自送來，若問婚姻南方應，遷官進職坐京台，定進羽音人產業，居家安慶永無灾。」

或問休門屬水，無物不殺，霜雪之集，純陰之氣，元武之精，三光不照，鬼邪所居之宮，何以爲吉？

答曰休門之水，固爲至陰之地，實係寶瓶宮，子水所居之地，萬物之水爲生，雖然而發揚於外，以水爲死氣，收歛歸根，而藏精於內，子者乃一陽復始之初，草木値此而萌動，返本還源之門，所以吉也。休門與丁奇合，下臨太陰，爲人遁得星精所藏，百事皆吉，旺於坎宮，相於震宮，生於乾兌宮皆吉，坤艮宮中被土尅制，巽宮入墓，離宮返吟不利，宜貴取和合，百事皆吉，出行五十里見蛇鼠水中黑色之物爲應。

一、靜應

休門加休，求財進人口謁貴吉，朝見上官修大利。

加生門，主得陰人財物，並干貴謀望雖遲應吉。

加傷門，主上官喜慶求財不得，有親故分產變動事不吉。

加杜門，主破財失物難尋。

加景門，主求望文書印信事不至，反招口舌小凶。

加死門，主求文書印信官司事，或僧道遠行等事不吉，占死更凶。

加驚門，主損財招訟並疾病驚恐事，破財不利。

加開門，主開張店肆及見貴求財喜慶事大吉。

二、動應

休門加休，一里或十一里驚青衣夫妻歌唱爲應。

加生門，八里十八里逢婦人，下黑土黃或皂衣公吏人。

加傷門，三里十三里逢匠人拿木棍，或皂衣公利人。

加杜門，四里十四里逢青衣婦人，引孩童行唱。

加景門，九里十九里逢皂衣公吏人騎騾馬。

加死門，二里十二里逢孝服人哭泣，更有綠衣人相伴。

加驚門，七里十七里逢皂衣人打足，婦人引孩童。

加開門，六里十六里逢人打架嘆氣，畜物鬥敵。

斷曰：休門加甲戌，財物和合，加乙求謀重不得，求輕得，加丙文書和合喜慶，加丁百訟休息，加己暗昧不寧，加庚文書詞訟後解和，加辛疾病遲愈，失物不得，加壬癸陰人詞訟牽連。

占命者，木命大利，金命脫耗，土命災疾，火命大凶，又丙丁戊己巳午辰戌丑未年月日時者，皆不利。

㈢生門尅應之吉凶

訣云：「生門臨著吉星辰，人財資旺各稱情，子丑年中三七月，牛羊鞍馬進門庭，蚕穀絲綿皆豐足，朱紫兒郎在帝京，南方商信田土進，子孫祿位到公卿。」

生門艮土，爲少陽之方，何以爲至吉，蓋艮者寅位，天開於子，地闢於丑，人生於寅，天氣至此，而三陽俱足，開泰從此萬物皆生，陽迴氣轉，天地好生之情，而廣及萬物，人道生也，所以爲至吉之門，生門與乙奇合，下臨九地爲地遁，得日精所蔽吉，與丙奇合，得月精所蔽爲天遁，與丁奇合，得星精所蔽爲人遁，百事大吉。

生門宜上官修造，嫁娶求財牧養皆大吉，出行六十里主見貴人車馬吉，臨乾兌二宮爲旺，中宮爲相，坎宮爲迫，震宮被木剋制人，巽宮入墓，皆不利，生於離宮吉。

一、靜應

生門加生，主遠行求財，諸般皆吉。

生門加傷，主親友變動，行於道路不吉，出門宜注意。

生門加杜，主陰謀，陰人破財不利。

生門加景，主陰人小口不寧，及文書後吉。

生門加死，主田宅官司，災禍不免。

生門加驚，主尊長財產詞訟，及病患等不吉之事。

生門加開，主見貴人，求財大發。

生門加休，主陰人處求望財利吉。

如占身命，火土金命人大利，水木命者不利多厄難，更忌甲乙寅卯年月日時生者，若壬癸命主腫脹凶。

生門加甲戌，嫁娶求財謁貴皆吉，加乙主陰人生產遲吉，加丙主貴人印綬婚姻書信喜事，加丁主詞訟婚姻財利大吉，加己主得貴人維持吉，加庚主財產爭訟破產，諸多不利，加辛主官事疾病前凶後吉，加壬主遺失財後捉賊盜易獲，加癸主婚姻不成，餘事皆吉。

二、動態

生門出行者，八里十八里見貴人車馬，或公利皂衣人，乙奇臨門，見兔或二鼠相咬，丙奇臨門見病人足，或二人爭財吵鬧，丁奇臨門，見漁獵人，北方大利，百事俱吉。

生門加生，八里十八里逢朱衣貴人。

生門加休，一里十一里，逢皂衣及扛錢人。

生門加傷，三里十三里逢公吏人持棍或培土栽樹。

生門加景，九里十九里，逢貴人車馬多人相隨。

生門加杜，四里十四里，逢人拿彩色物行唱，並長嘆息者。

生門加死，二里十二里，逢孝服人哭泣。

生門加驚，七里十七里，逢人趕畜，及有人說詞訟事。

生門加開，六里十六里，逢貴人車馬，並有蛇咬猪者。

(四)傷門尅應之吉凶

訣曰：「傷門不可說，夫妻主灾迍，瘡病行不得，折損血財牲，天穴人枉死，經年有病人，商音信難得，餘事不堪陳。」

傷門屬木，正値春分之時，仲春木旺，當以吉看為合理，而反以凶論者何也？蓋傷門之木，正値春分之時，精液自內而出，發揚於外，以致根本洩之太過，正所謂外華而內虛，而不能勝其勞，二月嫩甲不能當霜露之寒，因謂之傷，所以凶也，傷門得奇，惟宜捕捉逃亡盜賊漁獵，索債賭戲等事則吉，若上官出行嫁娶商賈，修造埋葬，皆不利大凶。

一、靜應

傷門加傷，主多變動，遠行皆主折傷之凶，諸事不利。
傷門加杜，變動失脫，官司桎梏，等事皆凶。
傷門加景，主文書印信口舌，動撓啾唧，等事不順。
傷門加死，主官司印信凶，出行大忌，占病皆凶。
傷門加驚，主親人疾病憂懼，媒伐不利之凶。
傷門加開，主貴人開張，有走失變動之事不利。
傷門加休，主陽人變動，或托人謀幹，財名不利。
傷門加生，主不利親戚朋友，途道不吉。
傷門加甲戊，主失脫難獲。
傷門加乙，主求謀不得，反防盜失財。
傷門加丙，主道路損失。
傷門加丁，主音信難通及不的。花假言詞。
傷門加己，主財敬人病，破耗多端。

傷門加庚，主訟獄被刑杖，有凶無吉。
傷門加辛，主夫妻懷私恣怨，或生離死別。
傷門加壬，主囚盜牽連，百事不吉。
傷門加癸，主訟獄被寃，有理難伸。

二、動應

傷門出行者，三十里見人爭鬥，見漁人或畜爭鬥，切宜避之大吉。
傷門加傷，出行三里十三里，逢二車塞道爭行。
傷門加杜，出行四里十四里逢公吏人，及木匠伐樹，並婦人抱小兒過。
傷門加景，出行九里十九里逢色衣人騎騾馬過。
傷門加死，出行二里十二里逢埋葬及孝服人哭泣。
傷門加驚，出行七里十七里逢人打鬥並趕畜，有婦人與少女同行。
傷門加開，出行六里十六里逢人折牆，安門解板，或二猪相咬。
傷門加休，出行一里十一里逢老婦與少男同行。
傷門加生，出行八里十八里逢人伐木或培土。
如占身命者，水火木命人吉，金命人主病，土命人凶，有官司刑杖。

㈤杜門尅應之吉凶

訣曰：「杜門原是木，犯者災禍頻，亥卯未月遭迍入獄，生生死死離別事，六畜也多瘟，跌打見膿血，禍害及子孫。」

杜門陽木，夏令繁盛之時，本爲旺氣，何以凶論？蓋杜門陽木，夏令發生於外，而津液已洩，陽氣亢極，一陰將至，木性至此而力屈，欲收斂而不能收，欲生旺而力已盡，又不洩其力以實其子孫，而持於伏藏其子於堅密之處，恐有傷於子，故謂之杜門小凶也。

杜門爲藏形之方，爲宜躲災避難，塞災捕捉則吉，餘事皆不利。

一、靜應

杜門加杜，主因父母疾病田宅出脫事凶。

杜門加景，主文書印信阻隔，陽人小口疾病。

杜門加死，主田宅文書失落，官司破財小凶之事。

杜門加驚，主門戶內憂疑驚恐，並有詞訟事。

杜門加開，主見貴人官長，謀事主先破己財而後吉。

杜門加休，主求財有益。

杜門加生，主陽人小口破財，及田宅求財不成。

杜門加傷，主兄弟相爭田產，破財敗家。

加甲戊，主謀事不成，密處求財可得。

加乙，主宜暗中求，陽人財物得主不明至訟。

加丙，主文契遺失，公文多累。

加丁，主陽訟獄，牽累不清。

加己，主私謀害人招非。

加庚，主因女人訟獄被刑。

加辛，主打傷人詞訟，陽人小口凶。

加壬，主姦盜事凶。

加癸，主百事皆阻，病者不食。

二、動應

杜門出行，三十里逢少女同行歌唱，六十里逢惡人，乙奇臨門，見少婦着色衣，丙奇臨見火光燒屋，或烽小之物，丁奇臨，見人騎馬帶弓弩。

杜門加杜，逢婦人引孫兒，着綠衣四里內。

杜門加景，九里十九里逢孕婦着色衣，或公吏人騎赤馬。

杜門加死，二里十二里逢喪服人哭泣。

杜門加驚，七里十七里逢歌唱鑼聲，或人言公訟事。

杜門加開，六里十六里，逢歌唱及犬吠豬。

杜門加休，一里十一里逢唱戲，或皂衣人抱孩兒。

杜門加生，八里十八里逢人扛錢，或手拿食物並唱詞。

杜門加傷，三里十三里逢木匠拿木棍之事。

如占身命，火命人發貴，水命人發富。木命人平穩，金命人疾病牽連，土命人官司之凶厄，又金年月日時，或土命年月日時之人不利。逢水火命年月日時者大吉。

㈥景門尅應之吉凶

景門主血光官符，賣田壓，禍灾纒多，有子孫受苦殃，外凶並惡死，六畜也見傷，生離與死別，占者須防範。

景門南方屬火，正值夏令離明之城，何以爲凶也？因景門夏令之氣，萬物壯旺將老之時，與死門坤宮相近，又爲陽明之盛氣，天數至此時，將有殺物之情，雖主上明下亮之方，亦不全吉，惟利文書之事，而爲次吉也。

景門主事，最宜上書獻策，奏對，選拔將士皆吉，餘者不利，坤艮中宮吉，三四宮平平，一宮迫吟，六七宮爲尅宮，大凶不吉，若得三奇，又宜計行詐破陣火攻，號令封功賞爵等事。

一、靜應

景門加景，主文書呈狀未動，有預先見之意，內有小口休患。
景門加死，主官訟因田宅事爭多啾唧。
景門加驚，主陽人小口疾病事凶。
景門加開，主官人陞遷吉，求文書印信更吉。
景門加休，主文書遺失，爭訟不休。
景門加生，主陰人生產大喜，更主求財旺利，行人皆吉。
景門加傷，主姻親眷屬小口，是非口舌，或陳詞撓亂。
景門加杜，主失脫文書，散財後平吉。

景門加甲戊，主因財產詞訟遠行吉。
景門加乙，主訟事不成。
景門加丙，主文書急迫，火速不利。
景門加丁，主因文書印狀招非。
景門加己，主官事牽連。
景門加庚，主訟人自訟。
景門加辛，主陰人婦女詞訟。
景門加壬，主因賊盜官司牽連。
景門加癸，主因庸人屬下到來。
如占身命主火災，水命者大凶，金命者疾病，木命者中平，土命者富，若值金水年月日時者不利。

二、動應

景門出行三十里處，見赤紋大蛇，七十里外，因水火失物，若強有作爲，主東家長及小口。
景門加景，九里十九里逢人抱文書，更有火光驚恐。
景門加死，二里十二里逢喪服人哭泣，色衣人騎馬。
景門加驚，七里十七里逢爭訟鬥打宜避之。
景門加開，六里十六里逢人成行，官人騎馬。
景門加休，一里十一里逢女人哭泣，與賣人並行。

景門加生，八里十八里逢小兒趕牛，人背錢以袋裝之。

景門加傷，三里十三里逢衣女人坐車轎或乘騾馬。

景門加杜，四里十四里逢老少婦女，領穿黑衣之子行走。

(七)死門尅應之吉凶

元死之方最爲凶，人命逢之禍不輕，犯者家敗財產退，更防孝服死人丁。

死門屬土，又係黑星，分晝夜之方，秋冬之氣，天地肅殺，自此而始，彰門凶星，當棄之而不用，草柳色變，木逢葉落，故爲凶象，若得奇助，而官人用於死刑捕捉或常人畋獵之事則吉，餘者俱凶。

一、靜應

死門加死，主官司囚獄災禍，印信不吉凶患多端。

死門加驚，主不官司失敗，憂疑患病凶禍不吉。

死門加開，主見上官貴人求謁，印信文書事大利。

死門加景，主因文書印信事犯官非，先怒後吉不凶。

死門加生，主謀望求財皆吉，如占病人，危而復生。

死門加休，主謀望求財等事皆不吉，若門僧道求方則吉。

死門加死，百事不吉，主官司臨門，病患卽死，囚獄刑杖至死。

死門加甲戌，主詐騙作僞之財。

死門加乙，主求事不成。

死門加丙，主信息憂疑。
死門加丁，主老男人之病患。
死門加己，主疾病詞訟牽連不已，凶患百出。
死門加庚，主婦女生產，子母俱凶。
死門加辛，主盜賊失脫難獲。
死門加壬，主官司詞訟自訟自招。
死門加癸，主係嫁娶婦女事凶。

二、動應

值死門出行者，二十里逢病人，三十里逢孝服血光災患等事，雖三奇亦不吉，丙奇臨逢抱文書印信人，乙奇臨見喪葬物或紙紥物，丁奇臨逢少婦孝服哭泣。
死門加死，二里十二里逢婦人哭泣不吉之事凶。
死門加驚，七里十七里逢喪哭泣，或死畜物類。
死門加開，六里十六里逢開攷哭泣，或牲畜鬥傷。
死門加休，二里十二里逢青衣婦人哭泣。
死門加生，八里十八里逢孝子拿生物大慟。
死門加傷，三里十三里逢人抬棺槨。
死門加杜，四里十四里逢埋葬及紙扎彩色物。
死門加景，九里十九里逢重孝人哭泣，退吉進凶。

如占身命者，主其人有孝服病之凶，水木命並年月日時屬水木者大凶，餘者平平。

(八)驚門尅應之吉凶

驚門主爭訟瘟疫死亡人丁，辰年並花月，非禍進門庭，惟宜訟事，捕捉，博戲等事吉，餘者皆凶。

驚門屬金，值八月秋令，萬物俱老，天地大示肅殺之威，本無生氣固凶，但天地存好生之心，不欲殺盡而生，故此門雖凶，若誤詞、獻詐、捕捉、設疑、伏兵等皆吉，亦不可棄也。

一、靜應

驚門加驚，主疾病憂慮驚疑。

驚門加開，主憂疑官司驚恐，又主上見喜不凶。

驚門加休，主求財事或因口舌求財事遲吉。

驚門加生，主因婦女生憂驚，或因求財憂驚皆吉。

驚門加傷，主因商議同謀害人之事洩惹訟凶。

驚門加杜，主因失脫破財驚恐不凶。

驚門加景，主詞訟不息，及小口疾病凶。

驚門加死，主因宅中怪異而生是非凶。

驚門加甲戊，主損財，音信阻誤。

驚門加乙，主謀財不得。

驚門加丙，主文書印信驚恐。
驚門加丁，主詞訟牽連不清。
驚門加戊，主因田宅不動產致訟。
驚門加己，主惡犬傷人成訟。
驚門加庚，主道路損折，賊盜凶。
驚門加辛，主女人成訟凶。
驚門加壬，主官司囚禁病者大凶。
驚門加癸，主被盜賊失物不獲。
如占身命，主詞訟官灾口舌血光之事，若值丙丁巳午年月日時占者亦不利。

二、動應

驚門出行者，三十里逢群鳥雀噪，六畜相鬥，四十里見人爭打則吉，若無七十里必折損之凶，不可前往。
驚門加驚，七里十七里逢二女吵鬧，傍人說打官司。
驚門加開，六里十六里逢官吏役人爭訟。
驚門加休，一里十一里逢青衣婦人說官司。
驚門加生，八里十八里逢女人引童子趕牛，小兒拿吃物。
驚門加傷，三里十三里，逢男女吵鬧打孩子，宜退回，若強行，主車折馬死凶。
驚門加杜，四里十四里逢僧道同行，或男女相商。

驚門加景，九里十九里逢色衣婦人說官司。

驚門加死，二里十二里逢女人哭泣及喪亡者。

第八章　五假法、三詐法、九遁變化法

(一)五假法之所宜

景門合乙丙丁三奇，下臨地盤九天宮者，名曰天假，乙爲天德，丙爲天威，丁爲太陰，凡三奇之靈，宜陳事便利，進謁祈求之事大吉。

杜門合丁己癸，下臨地盤九地宮者，名曰地假，宜潛藏埋伏，此三時宜遁跡藏修。

傷門合丁己癸，下臨地盤太陰宮者，亦名地假，宜遣人行門諜探私事等，又如臨六合宮，亦名地假、宜逃亡、躲災、避難。

驚門合丁己癸三干，下臨地盤九地宮者，名曰神假，利埋葬，伏藏。人不能知也。

驚門合六合中作六壬，下臨地盤九天宮者，名曰人假。利捕捉、逃亡，若太白入熒惑，己其下必獲。

死門合丁己癸，下臨地盤九地宮者，名曰鬼假，利超亡薦度，一作臨三隱宮超，即地盤之三吉門也。

(二)三詐法所宜

凡事占得開休生三吉門，即不得乙丙丁三奇亦吉，又取陰神相助，謂之三詐，如有地盤九地、太陰、六合、三神助奇，謂之陽門得助，再得地盤吉門相助者全吉。

若開休生三吉門合乙丙丁三奇，無地盤太陰、六合、九地者，謂之有門無道，陽有奇無陰，凡事有七分之利。

開休生三吉門，合三奇下臨地盤太陽宮者，再得吉門，此吉門當作吉星相助，謂之眞詐，利施恩隱遁祈禱求神吉。

開休生合三奇下臨地盤六合宮者，再得吉門相助，謂之休詐、宜合藥、法符、祈神、禳災，祭祀皆大吉。

開休生合三奇，下臨地盤九地宮者，再得吉門相助，謂之重詐，宜收降，添兵，進人口，納財，襲爵拜綬皆吉。

凡占得詐門，如遠行商賈嫁娶，百事皆吉。

㈢九遁變化形成及其所宜

開休生三吉門，天盤丙奇下臨地盤丁奇者，皆名天遁，得月精所蔽，或臨地盤九地，太陰者，亦名天遁，可以遁跡隱形，若乘天月二德，天恩天赦日祿喜神者，百事皆吉，乘朱雀利文書奏章呈文。乘螣蛇主疑惑，乘青龍生財喜慶，如乘白虎玄武者，主疾病損失等細事，不得全吉，倘鍊祭丁甲，呼風喚雨等項之事，用天遁可以全吉也。

開休生合乙奇，下臨地盤六合九地太陰三宮者，皆名地遁，得日精所蔽，可以設伏，謀爲百事皆吉利，若乘朱雀，惟宜設詞行詐，間諜等事宜，乘螣蛇者，宜蠱惑，乘太常者，有酒食宴會，乘青龍者有財喜，如乘白虎主爭鬥勝利，乘玄武主竊取私採成功。乘勾陳主淹滯，得地遁之吉者，宜修築起造，埋葬藏匿之事，俱皆大吉。

開休生合三奇，下臨地盤六合者，名爲人遁，生門與三奇臨太陰，及生門乙奇臨九地宮位者，亦名人遁，乘日祿喜神及貴神者，主財喜和合之事，乘朱雀者，主詞訟得理，乘螣蛇者，主惡夢邪魅之事，乘白虎者，忌行船。乘玄武者，防盜賊，若乘天輔天柱之星主雨，天衝主雷，天英主電，如占疾病主危急。

開休生合乙奇，下臨地盤，六辛落於巽宮者，爲風遁，乘天衝天輔二星者，此方可以祭風，但不利行舟，有信息至，行兵利火攻大勝。

開休生合乙奇，下臨六辛宮者，名爲雲遁，生門合天芮，壬臨坤宮及三吉門合六辛，臨於地盤乙，或天芮合生門，下臨地盤九地於坤宮，亦皆名雲遁，冬月宜祈雲，夏月宜求雨，若乘白虎，主有冰雹，乘螣蛇朱雀者主旱，強求者主招禍災，如行兵宜刼營，彼敵不能知也。

開休生三吉門，合天心星，甲壬六合於坎，爲龍遁，或休門乙奇加坤，或開門六戊加地盤九地，及休門丁奇下臨地盤九地於坎宮，皆名龍遁，此方祈雨必應，水戰必勝，再得青龍玄武神后三神，主霪雨，須防奸細盜賊。

開門甲申庚，下臨地盤地宮，爲虎遁，或休門乙奇加地盤六辛於艮宮，或生門辛加地盤於乙艮宮，亦皆名虎遁，此方宜祭風鎭邪驅鬼安宅並吉，行船宜招安攻險剿巢利爲客，若安營伏兵，賊不敢正視來犯也。

開門乙奇合天心星，或天禽星，下臨地盤九天於乾宮，名爲神遁，或生門丙奇合禽心二星，下臨地盤九天宮者，亦名神遁，此方宜驅神遣將施計，神必暗助，行兵宜作神將，塗抹三軍，神即至矣，更宜祭祀，神必來享，若有白虎雷煞刦煞主雷傷。

休門天輔六辛下臨地盤丁奇於艮宮者，名爲鬼遁，生門太陰下臨地盤丁奇，或生門九地下臨地盤丁奇，亦皆名鬼遁，宜探路偵賊處，實行間諜布謠言，使彼此不能察而疑惑軍心，宅中有鬼，宜書符鎭之則吉，餘事不利。

第九章　論九神主之性情及喜忌

一、值符之性情喜忌

值符者，諸神之元首，九星之領袖，因名值符，其體屬火，其神所到之處，百惡消散，諸凶寂滅，至吉之神也。所畏者，太白金星，忌入墓，則吉處不吉，凶處更凶，天始於甲，地始於子，固爲萬彙之尊者，舉甲子爲例，而六甲在其中矣。故名之曰值符。

二、九天之性情喜忌

九天者，乾金也，其體屬金，乾納甲壬，性剛而好動，所主者，名正言順之事，值其令而無阻，至吉之神，若得門得奇，萬福感集，即不得奇，亦不爲凶，畏入墓而力屈，天始於甲，自甲至辰壬，其數九，故名之曰九天。

三、九地之性情喜忌

九地者，坤土也，其性好靜，所主者，乃柔順虛恭之事，亦操生殺之權，半凶半吉之神也，畏剋制，忌入墓，春夏則生，秋冬則殺，司君后之權柄，坤納乙癸，自乙至癸，其數九，故名之曰九地。舉乙丑爲例，則六乙皆可類推矣。

四、朱雀之性情喜忌

朱雀者，南方之火神，統轄周天之野，專司文明之權，掌奏口舌文書之職，得地則文書印信有喜，而有是非口舌撓亂之凶，其位在丙，丙納艮土，旺相在離，在天爲赤鳥之神，屬丙火。舉丙寅爲例，而六丙在其中矣，故名之曰朱雀。

五、勾陳之性情喜忌

勾陳者，丁火之氣，其實屬陰土，兑納丁巳，其神性柔而口毒，專司驚恐怪異火妖蠱之事，位震巽方，又名玉女遁，爲六丁六甲之龍，乃陰神之最靈者，舉丁卯而六丁在其中矣。

勾陳又爲中央之陽土，其神性頑，專司田土詞訟之事，自甲至戊，其數五，自子至辰，其數亦五，艮納丙，坎納戊，配於東南，經云：「知三避五」三五反覆，凶頑之氣，不可趨位，鎭於艮，故名之曰勾陳。避五者，乃己庚辛壬癸五陰干，及傷杜驚死景五凶門也。

六、六合之性情喜忌

六合者，甲木之化氣，東方之陰木也，其神性和平，專司婚姻交易，媒約和合之事，乃六甲之妹，配於庚金爲妻，懷庚之胎，歸妹於家，位鎭東方，震納庚，自甲至己，其數六，故名之曰六合。

七、白虎之性情喜忌

白虎者，庚金也，統轄西方之權威，其神好殺，專司兵戈殺伐爭鬥，疾病死喪道路之事。己納庚金，巽爲風，風從虎，位鎭於西方，自甲至庚，其數七，故名之曰白虎。

八、玄武太常之性情喜忌

玄武者，水之精也，統轄北方之氣，其神好陰謀賊害，專司盜賊逃亡之事，水主黑色，得中央黃土而成，故名之曰玄武。

太常者，五行之化氣也，其神好歌飲，專司宴享祭祀衣帛羔雁酒食之事，此神隨天禽遍遊諸方，遇火則從火，遇金則從金，遇水則從水，遇本則從木，遇土則從土，與五體相合，其性不常，故名之曰太常，與吉門並則吉，與凶門並則凶，主衣服彩色孝服之變更也。

九、太陰性情之喜忌

太陰者，西方之陰金也，其神好陰匿暗昧欺蔽，妾婦之事，離納辛，配於西方，位鎮兌宮，兌爲少女，陰陽至死而化育不成，自甲至癸，其數終，自子至酉，其氣窮，故名之曰太陰。

第十章　節氣與神煞

一、四季二十四氣

正月立春雨水。　二月驚蟄春分。　三月淸明穀雨。

四月立夏小滿。　五月芒種夏至。　六月小暑大暑。

七月立秋處暑。　八月白露秋分。　九月寒露霜降。

十月立冬小雪。　十一月大雪冬至。　十二月小寒大寒。

二、超神接氣之法

閏奇，有過九日而後閏者，有過十四日而値閏者，各有決例，大約氣先到節未到，先用其氣，謂之接氣，節先到，而氣未到，謂之超神，超神者，仍用其當局之氣，而不用其節，待超過九日，而方用其節，謂之超神，接氣者，必在閏月之接，超神者，須在閏月之後，閏月前，氣必先到，閏月後，節必先到，氣先到者，必先用其氣，節先到者，猶不用其節，超神接氣之旨明矣，若其年閏正二三四月者，必閏大雪一氣之候，如閏五六七八九月者，必閏芒種一氣之候，所謂過猶不及者，不得中和之氣，而値閏也，總以甲己子午卯酉爲上元，寅申巳亥爲中元，辰戌丑未爲下元，此定例也，又如節與氣，同爲中和，中節之前，甲己子午卯酉者，謂之過，過則接氣中節之後，見甲己子午卯酉者，謂之不及，不及則超神，總以三十（月令作三十日）値月而値閏者，不過陰陽消長之法則耳。

三、天德吉日

正月丁日，二月坤宮，（卽申日），三月壬日，四月辛日，五月乾宮，（卽亥日六甲上），七月癸日，八月艮宮，（卽寅日），九月丙日，十月乙日，十一月巽宮，（卽巳日），十二月庚日。

四、月德吉日

正、五、九月丙日，（卽寅、午、戌月），二、六、十月（卽亥、卯、未月）甲日，三、七、十一月（卽申、子、辰月）壬日，四、八、十二月（卽巳、酉、丑月）庚日是。

五、五符法

五符吉神屬火謁貴。天曹屬金主訟詞，地符半吉凶屬土迫避，風伯雷公屬木主驚恐，雨師陽水出行主陰雨，風雲陰木主半陰，庚符屬金求財吉，國印屬金主陞遷，天官屬木主阻隔，地軸陰土主反覆，天賊陰水主失盜。

以上月將（卽太陽）加正恃，順數至本日祿上起五符。如甲祿在寅上起五符，卯上卽天曹，辰上卽爲地符，巳上卽爲風伯，雷公在午之類，餘倣此推。

六、皇恩煞

正、五、九月（卽寅、午、戌月）在戌，二、六、十月（卽亥、卯、未月）在丑，三、七、十一月（卽申、子、辰月）在壬，四、八、十二月（巳、酉、丑月）在未。

七、月厭煞

正月（卽寅月）在戌，二月（卽卯月）在酉，三月（卽辰月）在申，四月（卽巳月）在未，五月（卽午月）在午，六月（卽未月）在巳，七月（卽申月）在辰，八月（卽酉月）在卯，九月（卽戌月）在寅，十月（卽亥月）在丑，十一月（卽子月）在子，十二月（卽丑月）在亥。相沖即對不可用。

八、洪範五行訣

甲己子午九，乙庚丑未八，丙辛寅申七，丁壬卯酉六，戊癸辰戌五，巳亥四數終。

九道八節圖

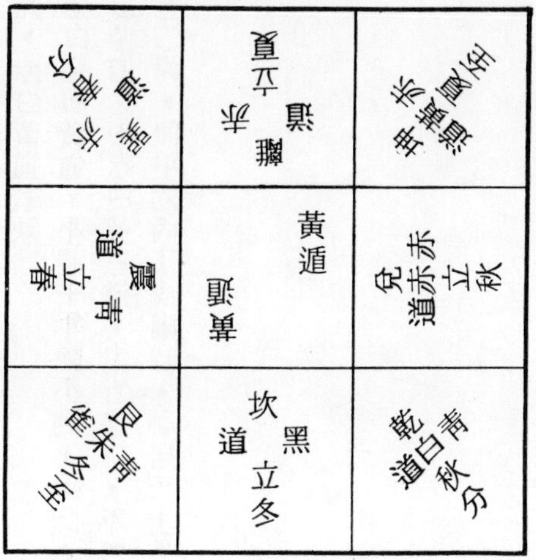

六甲神人天上遊圖

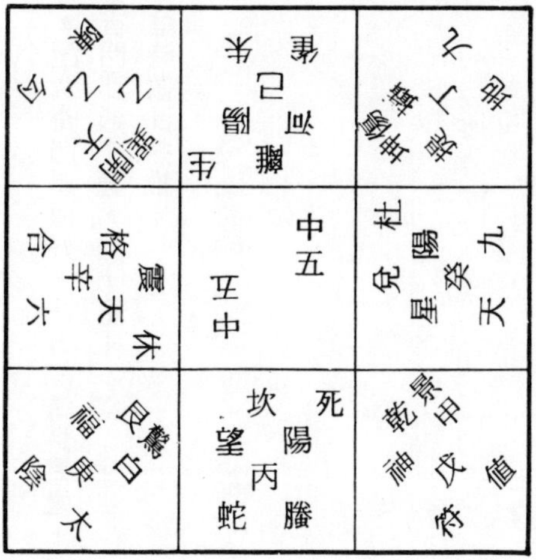

九、赤白黃道歌訣

赤道白道與黃道，不避千年驗不到，除此六道是吉神，配合奇門遁眞好，法分二遁隱避之，訣必分道遁道之中赤白黃三道，尤宜謹避，不然雖合三奇吉門亦遁不通，難十患。

以上二圖，卽甲乙丙丁戊陽時，神居天上要君知也，陰時倣此類推。

第十一章　實用奇門占驗分類

㈠奇門主客占論

占主客，以彼此人我而推之，大凡奇神應物之初，星應事之末，依次推評，自能應驗如神，若我去尋人，我爲客，他爲主，以天盤之星爲我，以地盤之星爲他，如他來尋我，他爲客，我爲主，以天盤之星爲他。地盤之星爲我，看他來生我，或我去生他，如他生我，則益在我，我生他，則益在他，他尅我，損在我，我尅他，損在他，又以陰日之天盤星爲我，陽日之天盤星爲他，比和有損益，須倣此而推之。

陽神係指飛値使門時，適時丁奇，卽爲陽神得助，如甲子値符，丁卯爲陽神，甲戌値符，丁丑爲陽神之類。

㈡奇門占事論

按奇門貴人歌，與六壬同，但冬至後得陰貴，夏至後用陽貴之不用奇門，上盤象天，（謂九星），中盤象人，（謂八門），下盤象地，（謂九宮），上盤星也，中盤門也，下盤宮也，用法，凡占吉凶者，首重九星，以九星是天盤，吉凶由天故也，星尅門吉，門尅星凶，如占出行趨避者，首重八門，以八門爲人盤，吉凶由自取故也，凡門尅宮吉，宮尅門凶。傷人事故凶，凡造葬遷移者，首重九宮，以九宮爲地盤，遷移等事皆由地而起也，故門宮相生俱吉，相剋俱凶，苟得此意而推之，凡事門天人者，無不可以數通，此奇門九宮之妙用也。

傳曰，奇門旣分三盤，上下盤六，俱有一干，地盤宮中有奇儀是也，上下相對照，成格不成格，顯然可知，如甲丙，乙加辛之類，惟主星之下，飛門之內，暗藏一干，謂值使加時支法，又値符首中起數，至時干止，其由甲而丙而乙至癸，以求時支，則八門中又帶了一干，曰飛干，此干並不露干局面，在上下盤之外數時支時，用甲乙排得者，故曰暗藏，若隱若現，變化無窮，古今來無一識之者，假如飛門內（卽中盤八門），旣先主星飛門內，忽有庚飛到，（此甲求時支，我甲乙飛來不露迹）。

凡百事外面雖然美備，內中蹭蹬，又加飛門旣剋主星，則百事占之大凶，而飛門內忽有奇飛到，（卽飛干之乙丙丁）其事外面雖凶，內中實多暗獲，經之若隱若現，若有若無，此飛干之妙也。

一、占投軍

以天衝星爲武士，値符爲主帥，値符宮生天衝宮，或天衝宮生値符，一見卽投合，如彼此相剋，定不收錄，天衝卽作値符，一去卽爲部隊長，後必大用，如爲伏吟卦，立回不用，返吟卦，乃爲反覆不准。

二、占攻城

以六庚爲攻者，以天禽爲守者，如六庚乘旺相得，開加中五宮，城必破，又看地盤天禽所乘之宮，得旺相及吉門者，其守將不可擒也，反此必死。（原法云，庚爲兵衆，禽爲中心者攻之，

故受攻）

三、占守城

以天禽所乘之宮爲守者，天蓬六庚爲攻者，天禽宮得休生開景又旺相，有六丙，其城不破，如無旺相及吉門，再犯天蓬六庚，又中宮不能守斷。

四、占盜賊

敵兵來去，先分界限，冬至以後，以坎艮震巽爲內，離坤兌乾四宮爲不至，落宮被尅者爲安營不穩，自驚而退，六庚尅所落之宮，又逢元武天蓬白虎之神乘者，必大戰，庚得九天則大張聲勢，鳴而進，庚得九地則掩旗息鼓而來，如賊已入境，占其何時去，看六庚在內四宮爲不去，在外四宮爲去，總以六庚地盤干支年月日時爲去來之期，庚加年（年爲方吉之類），如太白入熒，雖賊來，若在外界（外四宮），亦主不來，熒入太白，雖主賊去，若在內界亦不去。

五、占賊境內之城可守否

以時干宮爲客，時支宮爲主，（卽值使之宮），看其生尅何如，如時支宮地盤受值符所落之宮尅制，而時支又乘六庚元武，此城當棄，或值使宮自被下尅，此城亦不可居，速宜退避，如值符宮與值使宮相生相比，或值符宮自受營尅，敵人三來不能取勝，守之無妨。

六、占勝敗之數

凡戰陣以景驚二門主之，經曰景門宜破陣，又治亂之法，要視驚門，當以值符所落之宮爲主，六庚所落之宮爲客，值符宮尅六庚所落之宮主勝，六庚宮尅值符之宮客勝，又論旺相爲勝，休囚爲負，如主得驚景二門，或二門宮與客宮相生，則客勝，如主客宮相生，來必稱和，如主客所乘皆旺相，俱得二門不相刑剋，其力相等，則兩相恐懼，不戰而退，如六庚爲値符，是主客同宮，二家不分勝負，又日干加庚主勝，庚加日干主勝，如穀雨上元陰遁五局，丙辛日壬辰時，天柱爲値符，上帶六庚，主二家不相勝負，自相退避。

七、占音信

以景門爲信，訣曰：「景上投書並破陣。」景門臨外界信來遲，臨內界，信來速，上帶吉格，音信吉，凶格音信凶，門迫投江水無信。

八、占失職吉凶

以値符爲上級，開門爲官星，開門宮受値符宮剋制，又休囚廢沒及不吉星格者，主拿問，旺相者主罷職，得吉星降級，開門宮不受値符宮剋制，反相生者無事。

九、占領文書遲速

六丁宮與値使宮相生則速，相剋則遲，又看六丁在何處，即以本日干支定其日期。

十、占新任官員賢愚及何處人

以門爲官星，九星爲心性，天干爲分野，（天盤之干）如開門上乘吉星，爲好人，凶星爲惡人，天輔心性明朗，天任仁慈，天心善良正直，天禽忠厚，天衝嚴厲，天英轟烈，天芮貪毒，天柱奸宄大惡，甲巒方，乙海外及夷，丙楚，丁岱江，淮南，戊己韓魏中州何濟，庚秦、辛華、壬燕趙，癸常凶。

十一、占官司擢提緩急

以時干爲我，日干爲官長，六丁爲公文，値使爲公差，若値符宮剋天乙宮，（按此天乙時干也，天上時干爲天乙），六丁臨於內地，其提緩，如値符宮尅天乙宮，而値使臨於外地，其提急，再有擊刑，來意至惡，三奇至善，若相生公差與官長相見則喜，相尅見怒，又看六庚爲天獄，落休囚二去卽結，旺相則不能結。

十二、占遷移吉凶

以九星及九宮分方向，定可否，如上方上有三奇吉門，再時得天禽四季月皆吉，得天輔春夏大吉，得天心秋冬大利。餘星俱不吉，各以來時占看何星爲天乙定之，觀此則以其人來之時發占，不似六壬之筮時也。

十三、占雀噪之吉凶

以朱雀爲主，看朱雀所臨何奇何門，以訣其事，如開門得奇，主有親朋至，或行人遠歸，或主酒食，（此皆以開門斷之，人盤以斷人事，此舉一偶也）休門得奇，主有喜事，（休卽喜也），喜信及婚姻之事，生門得奇，主得田產財物猪畜之事，（俱切生門斷法），若不得三門，及門迫奇墓，俱主無關係，要看景門吉格，則有憂信或小惱。

十四、占官位陞遷

凡官位日久，未見超擢，欲知陞期，當以開門決之，因開門爲官掌發印也，門加生旺宮，再有三奇德合吉格，必再遇歲月建乘吉神來生，定然高擢，其有吉格而不旺相，或旺相而無吉格，及旺相吉格，而歲月建不來相生亦不陞也。

十五、占考試升學

以日干爲士子，値符總裁，天乙（値使也，此指貴人言，非値符也，疑卽六壬所謂簾幙者也，）爲房師，六丁爲文章，值符宮剋日干宮，座師不取，天乙宮剋日干宮，房師不薦，六丁宮剋日干宮，日干宮剋六丁宮，及六丁休囚廢沒，俱主題目大難，文章失意，如值符宮天乙宮來生日干宮，六丁宮又得旺相必中，缺一不中難，故必須此格皆全乃獲售，此至理也，六壬亦當倣此法推之。

十六、占病何日癒

以病人日干爲主，（八字內之日干），以天芮爲病神，以生死二門爲生死，如日干落在生門，主不死，（皆天盤），得死門者難癒，更遇日干休囚，得凶星凶格必死，其餘六門主纏綿，以天芮廢沒之日爲癒期：占兒女病，時干入墓必死。

十七、占進謁

進謁專看休門，以休門爲宮分，（如天盤加震爲本宮），爲所見之人，時干宮（天盤時干，加地盤坎方爲水之類。）爲所往之人加休門宮生時干宮，又有三奇臨之遂意，如相剋制，又無三奇不得見，或不喜悅，所求不遂，又要彼此二宮旺相，如有一處休咎卽不吉，若所見之方，得休門臨之，亦相見也。

十八、占借貸

以值符爲物主，天乙（卽值使俱倣此推），爲往借之人，各以所落宮分生剋論之，值符宮生天乙宮，天乙宮剋值符宮，借貸必遂，值符宮剋天乙宮，天乙宮生值符宮，借貸不遂。

十九、占捕捉

以六合爲逃人，以傷門爲捕人，（全以八門爲主，以八門爲人盤主人事也），如六合宮（謂天盤六合所臨地盤之宮，後凡言宮皆倣此）剋傷門宮不可得，反此易得，傷門宮生六合宮，捕天不賣力，必受其賂，傷門六合同宮，兩相通同，值年月日時格，則可合，天網低亦然。

二十、占婚姻

以六乙爲女，六庚爲男，取甲以乙妹娶庚之義也，如乙庚二干落宮，兩相生合則成，兩相剋則不成，（如地盤子卯相刑之類），又以天盤六合爲媒人，如六合宮生六乙宮，媒向女家，生六庚宮，媒向男家，六庚宮剋六乙宮，女家畏男而不嫁，六乙宮剋六庚宮，男家嫌女而不娶，六乙宮帶擊刑，主女性凶惡，帶德合，女性溫柔，六庚宮帶凶神，主男性暴烈，帶德合天性渾厚。

二十一、占逃走失物

以時干爲主（與六壬課用日干同理），六合爲逃走之物，又以六合宮與時干落宮，看在內外，以分遠近，如日干六合俱在內，（坎艮震巽爲內，離坤兌乾宮爲外），逃走之物易尋，俱在外，則逃走之物難尋。六合在外，時干在內難尋，又以六合所在之宮爲方向，如得旺相之星又來開休生杜四門，不可得，反此可得，乘九地太陰者，有人潛藏，乘九天遠走，乘元武被人盜去，乘螣蛇有人盤詰羈縻，乘朱雀有信，勾陳有勾引而去，（以上指六壬所乘而言也）又看六庚年格則年獲，六庚月格則月獲，日格則日獲，時格則時獲。

二十二、占求財

求財當分休囚，以生門所落之宮休囚而定，生門上所乘之星爲用，用生休囚吉，休囚生用則不吉，囚旺休衰四者要細論，休囚不爲大吉，星旺而門休囚，得亦不多，大抵看門所落之宮分，再看上下三盤格局何如，生門宮吉星吉，所求如意，一有不吉，所求僅半，生門之宮休囚不吉，所求全無。

二十三、占船航行善惡

以震宮爲船主，以天盤上所得之星爲船主之善惡，如震宮上得輔，心，禽三星爲上吉，天冲天任之星爲中吉，其船爲好人。如得天英、天芮、天柱、天蓬星者、爲大凶、船不可登。

二十四、占外出行人吉凶

占行人先定方向，上下二盤得三奇吉門，（天地二門俱有奇門）及諸吉格者平安，反此者不吉。

二十五、占訪友吉凶

大凡奇門用事，專擇方向，與時辰，如我欲訪友尋人，以所往之方地盤爲主，天盤爲客，主客要相生合，又得吉門，吉必相遷，若門凶，上下兩盤方向又相尅，則不遷也，庚爲年月日時，格值此亦不遷也。

㈢奇門占事類別⑴

一、占行人歸期

其法以四維長生決之，看出門之日係何干，卽看四維（四長生之方也）是何干長生之宮，以本宮地盤之干，卽囘家之日也。

二、人在外占家庭平安否

法以維決之，四維者，乃四長生之方也，倘甲乙日，看乾宮（亥），此四大長生之宮也，若得門得奇吉格則吉，凶格俱凶。

三、占求人介紹工作

以甲子戊爲求薦之人，以天乙爲推薦之人，若天乙落宮生甲子戊，與值符宮者，必推薦，反此則不薦。

四、占官司詞訟吉凶

以驚二門主之，凡有詞訟看驚門乘旺相之氣者，訟不息，景門亦然，若二門入墓及空亡之宮者，主訟不成。

五、占夢境吉凶

以螣蛇所乘天盤門儀，下臨地盤是何門儀，合吉門吉格者吉，凶格則凶，若落地盤空亡墓庫者，則無凶吉。

六、占禽鳥怪鳴

以天禽星落宮是何干以決之，若天禽落地盤得奇門吉格者吉，凶格則凶，各以八門配之，吉凶自驗。

七、占何怪異

以螣蛇及所乘星門決之，若螣蛇落宮在坎，爲水怪、神怪、落艮石怪山精，落震木怪狐狸，落巽花妖龍蛇，落離火怪鳥怪火怪龜蛇，落坤老婦牛羊怪及房屋金灶怪，落兌飛禽羊怪，金銀埋久作怪，落乾神願猪羊犬首及銅鐵器皿作怪，若不得奇門吉格而乘凶格者，必至死亡孝服官司之凶，落空亡者無害。

八、占避難

以杜門決之，看其落於何方，即以方避之再看所乘之干是何干，見戊爲貴人潛避，若杜門乘三奇，則去無阻隔大吉，若見庚須抱木行方免凶災，見辛爲天獄，壬爲地牢，必不能逃，若杜門落地盤，癸爲天網之格，在兌艮二宮可用，三四尺之木壓之而逃，若乾兌二宮可匍匐而過之，逃方在坎離二宮，或高八九尺可挺身而行，若杜門同癸震巽二宮，天網盈門，不能逃脫，若杜門臨乾兌二宮，木被金剋，雖然逃去，後亦拿獲，若有三奇吉格落日干之宮者有救。

九、占退役

以開門爲官長，以日干爲退役之人，若開門生日干，主官有眷戀之情不准退，開門剋日干者准退惹官怒責，比和者准退，又日干乘青龍逃走，熒入白者必退，若乘白入熒虎猖狂者，不可退，騰蛇妖嬌主驚恐，欲退不能，若見火格，與朱雀投江必革職。

十、占入伍應役吉凶

以門爲現任之官，以日干爲應役之人，若日干所乘之宮得旺相氣，再得奇門吉格，而開門所乘之宮得奇儀，吉格來生日干者，必得官長重用發達，若日干不得旺相奇儀吉格，而被開門生日干者，主士見喜小吉，若日干開門彼此相冲剋者不利。

十一、占訪友

以天盤所往之方爲我，地盤之星爲他，地盤相比和者必見，再得奇門吉格，及天地二盤所得之干相合者，並有酒食，若相剋制主猜忌不見，如臨星干入墓，彼在家不背見，如地盤星落空亡者，彼實不在家。

十二、占友來訪吉凶

以來人所來之方，天盤之星爲來人爲客，地盤所乘之星爲主爲我，天盤星得奇門來生地盤之星者，爲貴客，有盍於我可見，若天盤之星剋地盤，再有凶門凶格相乘者，必損我之人，不可見。

十三、占音信虛實

以景門朱雀爲信息，若景門乘旺相氣，又得三奇者爲的信，如景休囚不得，三奇而乘朱雀者爲詐信，不可聽，景門落空亡入墓而帶朱雀者，乃道路之言，或忤悖架勾之詞，更不可信。

十四、占出行水陸路之吉凶

以休景二門所乘之宮分水陸二路，休門落空合天地二盤有三奇相乘者水路吉，景門有三奇者旱路吉，行船忌青龍逃走，白虎猖狂凶格，主風暴，螣蛇妖嬌主凶災，朱雀投江主沉溺，又以傷門爲船，傷加休上爲浮爲順，休加傷上爲舟行水底主沉溺，景門爲旱路，又以傷門爲馬爲車，忌太白入熒主盜，熒入太白主火驚，元武天蓬主失盜，水路忌驚門來剋恐傷船長，無水利，旱路休加景主泥濘，難行，若二門入墓，主關梁，阻隔行動艱難。

十五、占問罪輕重

以甲午辛爲罪人，開門爲問官，如開門落宮生甲午辛之落宮，門官憐憫不加罪，相比者罪必輕，相冲剋及凶格相乘，罪必重，若甲午辛落空得奇門吉格相救者，罪必赦宥。

十六、占囚犯吉凶

以甲午爲囚犯，辛爲天獄，壬爲地牢，癸爲天網，看日干之落宮，下臨甲午辛者主凶，甲午辛落宮下臨地盤壬癸者，爲誤入天牢，待沖破之日必出，若天盤壬癸之干下地盤甲午辛者，爲網羅蒙頭士囚禁，又如天上星儀落地盤墓庫及壬癸者，終不能出獄，竟作獄底之鬼，若落空亡之宮者，爲空獄不囚禁。

十七、占互打官司吉凶

以甲壬爲螣蛇推之，值符落宮，下臨甲辰壬，螣蛇主原告牽連多人，乙奇落宮，下臨甲辰壬，與螣蛇相並者，主被告牽連多人，開門落宮，下臨甲辰壬螣蛇者，主問官牽連多人，甲辰壬螣蛇落空亡之宮者，不牽連，若見庚癸大格，縱牽連不妨事。

十八、占官司勝敗

以值符爲原告，值符所落地盤所乘之星爲被告，天盤星剋地盤星原告勝，地盤星剋天盤星被告勝。

十九、占疾病吉凶

以天芮星之落宮爲病患，以生死二門推之，天芮星得生門者生，得死門者死，又看天芮落乾兌二宮爲旺不能治，落離宮中五，其病纏綿，落震巽二宮，病神受剋，主不藥而癒，落坎宮爲休囚，病雖纏綿，猶可醫治，新病落空亡者生，久病落空亡者死，又看日干帶死囚之氣，帶凶神凶格，而不得奇門者亦死，若天芮落空神凶乘凶格，日干雖得旺相氣，而被天芮星來冲剋年命者亦死，又看病人年命日干（卽生日八字之日干）入墓者亦死。

二十、占係何病症

此以天芮所落之宮決之，後以載九履一之法論斷是何病，離宮爲頭眼目，在內爲心火病，落坤爲腹，在內爲胃，在病爲蠱脹，在外爲肌膚，又爲右肩右耳，在病爲瘡，落兌爲咽喉，胸膈肺，在內爲咳嗽噎疾喘急喑啞，在外爲口齒額角右脇。在病爲痞。落乾爲腿足，亦爲頭，在內爲大腸，在病內則膀胱便閉，壅結，外則腿足筋骨疼痛，又爲瘡，落坎在內爲小腸，腎氣丹田，在病爲寒咳，遺精洩瀉，或淋漓便閉，或茶酒久宿腹痛，或腎虧，在病爲陰虛瘡痒、疝氣，落艮宮，在內爲脾，病虛脹，在外爲腿足脚氣，在病爲痲木風濕，又爲瘡，落震宮，在內爲肝膽，在外爲左脇，內病則爲血虛，或癆症吐血，寤寐驚悖狂言，外病則目盲耳聾、及皮膚瘋癩瘡痛、左股筋骨之疾，落巽宮，在內爲胃口膏肓，又爲膽病，內則中風不語，肝肺相傷，三焦虛炎，感冒傷風熱喘急，在外爲左耳左肩左脇，又爲筋，外病則手足浮熱，四肢無力，爲火疾，又爲癱疾狂悖筋酥之疾，再以天芮落宮所帶之干，驗其寒熱虛實，詳審節氣時令，方爲的驗，不可疎忽，學者宜細究之。

二十一、占醫師優劣

以天心星爲醫師，又以乙奇爲醫師所落之宮，乘奇門吉格爲良醫，二神乘旺相之宮，不逢奇門吉格爲時醫，不得旺相氣及奇門吉格者，爲庸醫，不論良醫庸醫，但能剋天芮病神之宮者，醫必有功，若病神落宮剋二神落宮者，雖良醫亦不能活也。

二十二、占病何時癒

以天芮落宮爲病症，剋天芮落宮之干支者爲癒期，如甲乙木剋戊己土之類是也。

二十三、占遺失財物

以日干落宮爲失主，時干落宮爲失物，各以類推之，看時干落宮乘旺相氣，來生日干落宮，仍得反吟者亦得，落空亡墓絕之宮不得，乾爲金器寶物，或鐵鎖圓圈之物，又爲帽纓爲馬，坎爲水晶珍珠筆墨毛髮細軟之物，又爲豬，艮爲山玉石器皿鐙靴之物，又爲牛犬猫。震爲車船木器，碧色衣服之物，又爲驢騾。巽爲絲細緞布細軟之物，又爲彩色細長成隊之物，離爲文明圖書手卷字書，印信文劵彩禽和暖之衣物，又爲馬。坤爲銅鐵鼓磬金屬，中空有聲象牙之物，又爲牛羊。兌爲金銀首飾有口對衿之物，又爲羊雞飛禽，看其有氣便爲活生之物，無氣卽爲死囚廢舊之物。

二十四、占失物係何種人盜

以天蓬及元武爲盜主，其神乘旺相氣，又得奇門吉格者，乃是貴人爲盜，不乘旺相氣，不得奇門吉格者，乃是小人爲盜，仍須配卦以論之，如乾爲老人，震爲長壯，坎爲中壯男人，艮爲少男童年，坤爲老婦，巽爲長婦人，離爲中年婦人，兌爲少婦或娼婦，或童年女子，在內爲親近之人，在外爲外人他人。

二十五、占捕捉盜賊

刦人財物者謂之盜，殺人奪財者謂之賊，以天蓬星爲大賊，元武爲小盜，勾陳爲捕盜之人，杜門爲捕獲之方，皆以天盤爲主；勾陳落宮剋天蓬元武之落宮者，捉盜必獲，若天蓬元武剋勾陳之宮，主勢猖厥，捕人不敢捉，如蓬元宮與勾陳宮比和者，乃捕人與賊通同爲盜，勾陳蓬元同宮，必捕人爲盜，蓬元宮生勾陳宮者，捕人受賄縱之不捕，總以庚格主之，年格年獲，月格月獲，日格日獲，時格時獲，不格不獲，杜門有格必獲，如無亦不獲。

二十六、占河水泛濫消漲

以天蓬星及休門爲主，乘旺相氣而得三奇者，水雖漲不至泛濫，若休門乘旺相氣而値庚格者，主河水壅塞泛濫湧漲，再有甲辰壬帶螣蛇，主孽龍舞水爲害，休門落於二五八宮，水被土剋，立主消退或無水，休門不乘庚格與甲辰壬者，水雖旺發亦不出岸。

二十七、占請客來與不來

以值符爲客，天乙爲主，天乙所乘之宮來生值符之宮者，客必來，時干生日干者亦來，天盤星生地盤星者亦來，相反者不來。

二十八、占墳墓吉凶

墳墓爲死者所居之地，吉則家人招福，凶則家人招禍，蓋祖先之靈魂，守黃泉之下，安則子孫興旺，不安則子孫敗亡，若未葬之先占之，其法專以死門爲主，並合天地二盤之星以剋之，以死門落宮地盤之星爲死者，死門天盤之星爲生人，死門落宮乘三奇，而與地盤之星相生相和，不相剋制者，主死者安。如地盤之星生天盤之星，天盤之星得三奇者，主存亡居安吉，後主興旺，若死門落宮與地盤之星相剋者，主存亡不安，地盤之星剋天盤之星，不得奇門護持者，主存亡俱凶，死門反吟者遷之斯吉，死門落空亡者，主無地氣，家敗人亡，再以何干何神何格推之，得吉干吉星生旺者吉，見凶神凶格凶干剋制者凶。

二十九、占走失六畜

如係驢騾車船，以傷門天冲主之，牛羊以死門主之，看天盤何宮，即往何方尋覓，馬以乾兌宮所得之星主之，若得天蓬星者，當於近水處尋之，如乘玄武，是爲人盜去，再看得囘之日，必逢庚格。

三十、占文武官員陞遷

以開杜二門爲主，文官看門，武官看杜門，二門乘三奇，再得旺相相生其人之年命日干者，主得陞遷，太歲來生年命日干者，必係元首特旨，値符來生者，上司保擧，如係月建來生日干年命及開門者，部臣保擧，開門再得旺相相生，陞遷必速，若得門不得奇亦陞，得奇不得門，只加銜不陞。

三十一、占文武官員降調吉凶

開門受剋，文官降調，杜門受剋，武官降調，反吟主調任，空亡必革職，入墓不僅降罰，且招查辦之咎，太歲來剋，元首不喜，値符來剋，上司參劾，月干來剋，承辦部門參核，如見玄武爲盜案，白虎爲命案，朱雀文書印信，螣蛇罣誤太陰罷職，六合勾陳爲貪酷，若開杜二門，乘旺相相生之宮，或得三奇吉格，雖被參不妨。

三十二、占謀望求官

以開門落宮與年命日干宮決之，開門落宮生年命日干之宮，再得三奇吉門吉格者，得官職必速，不得三奇吉門吉格者，得官職遲誤，反此則不得官職也。

三十三、占遷調何方官職

以天盤開門落宮斷之，如開門落內四宮爲近，落於外四宮爲遠，陽遁自坎至巽爲內，自離至乾爲外，陰遁反此。再以地盤所帶之干分配，甲乙東方，丙丁南方，戊己中央，庚辛西方，壬癸北方，亥子北方，寅卯東方，巳午南方，申酉西方，辰戌丑未中央，如元武主民間多盜地帶，白虎主鬥傷地帶，朱雀主刁訟地帶，螣蛇多怪異地帶，太陰多奸淫地帶，天乙青龍六合，乃禮義敦樸地帶，勾陳多爭田土之地帶。

三十四、占學生考試

以值符爲正主考，月干爲副主考，天乙朱雀爲科目文章，景門丁奇日干爲學生，以值符落宮生日干落宮，得景門丁奇落宮再合吉格者，必高中，月干來生亦然，朱雀來生景門丁奇者，主保送升學，景門落宮剋值符落宮者，試卷雖佳，主考不喜，景門落宮剋朱雀之落宮者，及乘凶格者，文章差池。空亡入墓，必犯格式，乘元武錯題多不中，日干落空亡之宮，得值符日干來生者，文章雖佳，榜上無名，值符日干朱雀落空亡者不中，入墓者亦不中，見天驛二馬及太衝者不中，榜上無名。

又占式

以天輔星試官，日干爲學生（考試者），丁奇爲文章科目，看天輔來生丁奇，及年命日干，再合奇儀吉格，乘三吉門者上吉，主名列前茅，若丁奇年命日干落景門者次吉，得門不得奇，得奇不得門，或與天輔比和者，僅得考試及格而已如丁奇落空亡之宮，年命日干再得凶神凶格，或被天輔來剋者，皆不能及格也。

三十五、占一生命運

其法先明戴九履一，細尋接氣超神，八門配合九宮，九宮要帶三奇，年月日時要旺相，八門九宮須推移，離宮頭面，乾艮兩足肩耳，左手，坤巽震在右手筋，坎爲陰腎，中爲心腹，年月父母，月干兄弟，日干本身，時干屬兒，推及妻妾，但看乙丁之落宮，庚爲夫定不移，要詳細其強弱，卽能決其榮枯，旺相得奇，且富且貴，死囚墓絕，極賤極貧，格局要分輕重，命運驗其得失，未布局先看孤虛，旺相卽問口必辨，天地乘時，太白入乾坤，父母早年淪沒，如若臨兄弟宮位，手足竟是讎敵，日奇被刑冲，嗟嘆時干逢之，鄧通無兒。生門產業，要得門奇。成敗分於內外，生剋決其得失，生門太白逢冲陷，背祖離鄉之客，被冲剋，售盡祖田園，生門在外，而身在內，必遷居而發富，身在外，而生門在內，縱有祖業亦難容，身與生門二宮俱在內，安享僕馬之福，身生俱在外宮，遠方創立之人，日值孤，時值虛，少年無倚，時落孤日落虛，老後鰥獨，命被冲剋，乞食道路，日臨絕墓，難釋愁眉，財旺生官蓋因飛鳥跌穴，鰲頭獨立，必得青龍返首，天輔旺相，得奇門，文稱翰苑，天衝旺相得六儀，威鎮邊疆，天禽位鎮中，宮得奇門，百官元首，英星右弼合吉格，鼎鼐元勳，天柱直言諫議，天心入垣，醫藥最良，任合左輔，司農之職，天芮不可得地，逢奇門，曹操董卓之流，蓬星位鎮北垣而得奇門，叛君之賊，開門有奇，應是文職，傷門得令，定係虎臣，生門得奇，石崇富足，景門合局，丹天文明，驚門入式，好辯之人，乾宮爲開，白頭出任，死門得奇，職在司刑，分布八門，星辰奇儀，合局者豪富豪貴，失局者，下等平人，開門心星皆是金稍有氣，醫卜星相，若值死囚，手藝辛勤，休門天蓬同一木，稍有氣，兵弁役吏，值死囚，軍仵賊人，生門天任是土宿，得地者，田地富足，若失時，傭工耕耘，傷門天衝皆爲木，稍有氣，兵役之首，值死休，馬後相奔，杜門天輔亦是木，稍有氣，乃是寒儒，值墓絕，僧山道林，景門天英是火宿，稍有氣，行爲威烈之表，全失局，平凡勞碌之人，死門天芮皆是土，稍有氣，趙魏家長，值墓空，孤窮之人，八門辨別旺相，再論九星，天蓬星乘時，邊疆之將，失地利，軍卒賊人，天任得地，田土僕馬之富，受剋農圃辛苦之人，天衝有氣者武貴，背時車船江湖之流，天輔爲左樞，得氣者，文雅仕宦，失地利，僧道畫工，天英火司南離，乘權者，必主文明，背時者，貪暴昏庸，天芮本是黑星，得天時，性惡霸盜，失天時，牧隸傭工，天柱位鎮西垣，有氣者，舌辯當世，被沖剋，優伎樂工，天心原是太白，得地者，才華國柱，若空墓，九流相尋，青龍返首，鰲頭獨占，飛鳥跌穴，窩富而成名，青龍得光，邑長縣令，丁加戊富家之名，白虎猖狂，凶頑之輩，青龍逃走，懦弱之人，更主因妻成敗，而且佗背佗身，朱雀投江，刀筆書吏，勝蛇夭矯，毒心小人，失時者，目盲耳聵，乘氣者，火焚傷身，太白入熒惑者，進主先貧後富，熒入太白者，退主家業蕭條，天乙太白，太白天乙，多成多敗，太白同宮，兄弟雷攻，太白蓬星，妻室常病，蓬星太白，惟薄醜聲，大格者，萍踪四海，小格者，暫時清貧，年月日時四格，即六親而推，去看是何宮，測驗而爲悖戾無禮，相從推及父母兄弟妻子，賢否可以詳明，辛爲天獄，壬爲地牢，主低下之品，更主抑鬱難伸，癸爲天網，須看高低，高者化爲華蓋，可推貴格，低者天網纏身，寂寂孤貧，且忌玉女守門，妻隨人行，乙丁妻妾，看是誰親誰疎，乙奇入墓，妻不生子，子乙同宮，另續相親，乙奇在上，妻妾協和，丁加乙上，辛幸天心，諸格忌落空亡，吉者咸昌，而若者更苦，若臨墓絕之地，無吉窮民，八門推來，再怕反吟伏吟，亦是凶神，五行配合此理，取捨在乎一心，務宜窮理致知，其驗如響。

㈣奇門占事類別(2)

一、占走失傭人

男傭人，專責天盤天蓬宮，女傭人，專責天盤天芮宮尋之可獲，陽日尋地盤蓬芮之宮斷之，逢入格必獲，不入格難尋獲，若與六合相並者，被歹人拐去，蓬芮二神入墓庫，有人隱藏難尋，若落空亡者，離尋獲矣。

二、占走失小兒方向

走失小兒，以陽遁於天盤六合所在之方，陰遁於地盤六合所在之宮斷之，若失女孩，陽遁於天盤太陰所在之方，陰遁於地盤太陰所在之宮定之，看此二星神，卽知其人所在之方向矣，在坎艮震巽四宮爲內爲近，落離坤兌乾四宮爲外遠，陰遁反此，若二神落日干之墓庫者，遠近皆難尋，落空亡者，其人又往他方去之後，再以干合神之宮尋之必可獲也。

三、占行人在外吉凶如何

以行人年命日干斷之，如年命日干落在坎艮震巽陽遁爲內爲近，離坤兌乾爲外爲遠，合而斷之，若年命落於四正甚遠，落坤艮者爲極遠，如爲陰遁，以離坤兌乾爲內爲近，坎艮震巽爲外爲遠，合而斷之，年命日干於四正下宮者，甚遠。年命日干落於休廢，其人在外，必不如意，非困卽病，若年命日干落於墓庫空亡之宮，再乘死絕之氣，其人必已死亡。如年命日干乘旺相之氣，再得奇門吉格，行人在外發財如意。

四、占行人在外歸期

其法以行人年命專責庚格，陽日以庚下臨之干斷之，陰日以庚上乘之干定之，乃年格年來，月格月來，日格日來，時格時來，不格不來，何謂不格，例如乙庚爲合，不爲格，庚金入墓，或臨空亡，是謂不爲格。

五、占借錢允否

以其人所往之方天盤所得之星，爲求借之人，又以天盤之星所落地盤之宮爲借錢之家，如地盤所乘之星生天盤星者，所借必允，比和者，借主遲疑，相剋者，主不借，反惹羞辱，若天盤所得之干入地盤墓庫者，彼實吝嗇不肯借，入臨空亡宮者，彼實無有，不必去借爲佳。

六、占晉謁上官貴人

現任官以天盤開門落宮主之，未仕致仕官以天盤甲子戊弁之，以日干爲求謁之人，開門甲子戊，乘旺相氣，再得奇門吉格來生日干落宮者，去謁必見，見且有益，所求如意、開門甲子戊、與日干比和者，但求謁主少遲，開門甲子戊同宮者，主貴人有客，宜稍待，若開門甲子戊返吟者，主所謁之人他出，不得接見，開門甲子戊入庫者，不能見，開門甲子戊受剋制者，主貴人有憂處事，不肯接見，見亦無益，開門甲子戊落宮沖剋日干宮者，貴人不喜歡，枉惹羞辱，若謁武官，若謁武官看杜門，亦倣此理推之。

七、占生產吉凶

以所生時干天盤所落之宮，看是何宮何神，以天蓬爲天賊，元武爲偷生，犯此二神，再乘休廢無氣之時，主生而不能養，若有奇門吉格吉神，再乘旺相之氣主長命富貴可養。

八、占懷胎是男是女

以坤宮天芮星爲母，以天盤星坤臨之宮爲胎息，陽星爲男胎，陰星爲女胎，惟天禽臨之爲雙生，陽干是男，陰干是女。

九、占孕何日生

以坤宮爲產宮天芮爲產母，天盤所得之星爲小兒，天芮剋天盤之星者，主產速，天盤星生地盤星者天芮者，子戀母復，產遲，天盤星剋地盤星者，主母凶，地盤星剋天盤星者，主子亡，若得旺相氣及奇門吉格者方吉，如天盤星落地盤庫，子死母腹內，天地二盤乘凶門凶格者，子母俱凶，因天地二盤乘死絕之氣故也。

十、占貿易吉凶

以甲子戊爲資本，生門爲利息，生門所落之宮得奇門吉格來生甲子戊之落宮者，必獲倍利，二宮比和者，亦得中利，生門來剋甲戊之落宮，再乘凶神凶格者，必虧損本錢，甲子戊之宮，生門之宮，主加添資本，仍得利息，生門若臨戊絕之地，再有凶神凶格相乘者，必虧耗盡資本，仍凶。

十一、占脫貨吉凶

以值符甲子戊爲我，以天乙爲脫貨之人，以六合爲經紀牙人，若天乙落宮乘奇門吉格，來生值符之宮者，其貨可脫，比和者，脫亦無碍，反此必不可脫，脫必有失，又看六合落宮，生天乙落宮，主經紀以脫貨之人相吉，生值符與甲子戊之宮者，主紀與貨主同心，倘六合入墓或落空亡之宮，必有奸詐欺騙之事，切不可上當。

十二、占開店吉凶

以開門斷之，開門乘旺相氣，帶奇門吉格來生日干之落宮者大吉，相比和不剋制者次吉，若開門入墓或反吟及落空亡者不利，開門落宮乘凶神凶格來冲剋日干宮者，更不利。

十三、占合夥經營

以日干落宮爲我，時干落宮爲夥計，時干乘奇門吉格來生日干者，則合夥有益於我，日干乘奇門吉格而生時干者，則有益於他，二宮比和者，主合夥公平，各無猜忌，若時干所落之宮乘凶神凶格來剋日干宮者不利，再以生門之生我不生我詳之，十不失一矣。

十四、占求財吉凶

以甲子戊爲財神，生門爲財方，看二宮天盤落於何方，以二方生剋比合，驗其得失，天盤甲子戊與生門落於坎艮震巽四宮，陽遁爲內，爲近，又爲速，再見奇門吉格者，得之必多，若得門不得奇，得奇不得門，得之不多，門奇俱不得，不落空亡墓絕，不受地盤剋制，得之必少，或甲子戊與生門落於一內一外，得之必遲，二宮俱在外，必求千里之財，二宮落空亡反吟墓絕，再以凶神凶格相並者，必不得財，反遭是非不利。

十五、占交易吉凶

占交易以日干落宮爲我，時干落宮爲他，六合爲經紀，日干生時干，買主受意，時干生日干業主願意，如日干剋時干，買主不要，時干剋日干，業主不買，六合生日干，經紀人向買主，二千落宮相比和者，兩家公平交易主成議，若二千有落空亡者，交易不成議。

十六、占買房屋吉凶

以值符爲買主，生門爲住宅，死門爲地土，生死二門乘三奇吉格來生值符宮者，主買後發達，二門得吉格來生值符宮者，主賣後發達，二門不得吉格來生值符宮者，中吉，比和者平安，二門乘休廢之氣，再有凶神凶格來剋值符宮者，主買後破敗家財，值符生此二門者，主因宅產贏虧不利。

十七、占晴雨

占晴雨以天禽星爲司命之主，天柱爲雨，天衝爲雷，天輔爲風，螣蛇爲電光，天蓬爲水神，甲辰壬爲龍辰，天禽臨旺相之宮，天柱甲辰壬遊於一三七宮，或下臨甲辰壬主大雨，帶甲寅癸下臨於一三七宮，主小雨，甲辰壬加臨震宮，爲龍登雷門，主雷雨，丁臨地盤騰蛇，主閃電，乘凶臨地盤騰蛇，爲雷龍發蛟震怪，落空亡，落空亡墓庫宮，主陰霧不雨，冬月看天心星，冬月看天心星及天任土宿帶壬癸，下臨壬癸，或乘元武白虎，主水土凝結而爲雷，如空亡入墓，主陰寒，更看虎猖狂，主大風，青龍逃走，主風起雲散無雨，白入熒，主冰雹，熒入白主晴，若天柱遊於一三七宮，下帶壬癸，或下臨壬癸之宮，不見壬癸而見騰蛇者，主現虹霓不雨，如落宮下臨朱雀，或落空亡者，主亢旱不雨，強求反有火災。

十八、占婚姻吉凶

占婚姻以庚金爲男家，乙奇爲女家，六合爲媒約，庚之落宮生乙之落宮，主男家愛女家，乙之落宮，生庚之落宮，主女家愛男家，得奇門吉格者，婚姻必成，比和不相剋制者亦成，若庚宮剋乙宮，主家嫌女家不成，乙宮剋庚宮，主女家嫌男家不成，強成之，後必有刑剋，庚金入墓而乘凶格者女刑天，乙奇入墓而乘凶格者男刑妻。

十九、占重婚納妾

以乙奇爲妻，丁奇爲妾，太白庚金爲夫，若乙丁之落宮生庚之落宮，其女必肯嫁，乙丁落宮剋庚之落宮者，不肯嫁，乙丁宮相比合者，主妻妾和協，如乙之落宮剋丁之落宮，主妻不能容妾，或丁剋乙宮，主妾欲欺妻，若乙丁入宮陷庫絕之宮，主不能成，成亦不利，如庚金宮生丁奇之宮，主徒勞無成。

二十、占人流年休咎

占命運，以來人所乘之方，合天地正時，與其年命所坐之方，合而推之，來方得奇門吉格者，其年命必吉，年命落宮合奇門吉格者亦吉，年命坐方俱合奇門吉格，再乘旺相之氣，必有奇遇橫發，入地盤墓庫者主昏晦，落空亡者，百事不成，入死門者死，傷門者病，驚門者口舌詞訟，景門者血光火災，杜門者憂疑，開門者見貴，休門者進謁，生門者發財得喜，大抵得奇得門者吉，乘凶門相剋年命者凶，不剋者小凶。

二十一、占人之壽夭

占壽夭以天冲天柱二星合死門遠近以定之，男以天冲星起順布奇儀，女以天柱星起逆布奇儀，（此指陽男陽女），看至死門相隔幾宮，一宮十年起算，至死門幾宮，作壽幾十年，餘幾十年外，再以一宮爲一年，看零幾年是幾歲，零數以四正四宮，一宮只作一宮，惟四維四宮，一宮作二宮算，因四維乃八支也。

第十二章　星、神、門、宮、干支、格局、分類占論

㈠占用兵

一、諸葛孔明千金訣

人專煞貢起例：四孟月甲子日起妖星，甲仲月甲子日起或星，四季月甲子日起禾刀。寅申巳亥月為四孟，子午卯酉月為四仲，辰戌丑未月為四季。

逐日輪算、週而復始：妖星玄武。或星朱雀，禾刀白虎，煞貢青龍。直星金匱。卜木道符，角巳太陰，人專金堂，立早勾陳。

三甲開闔圖：孟甲——內開，甲寅，合陽星陽氣在內。外闔、甲申——合陰星陰氣在外，均利主不利客，利守。仲甲——半開、甲子、合陽星陽氣，利主，利後應。半闔，甲午，合陰星為格，利困，守不利。季甲——俱闔、甲辰，合陽星陽氣在外，利客利傷兵。甲戌合陰星陰氣在內，利主利迎敵。

北斗禹罡圖

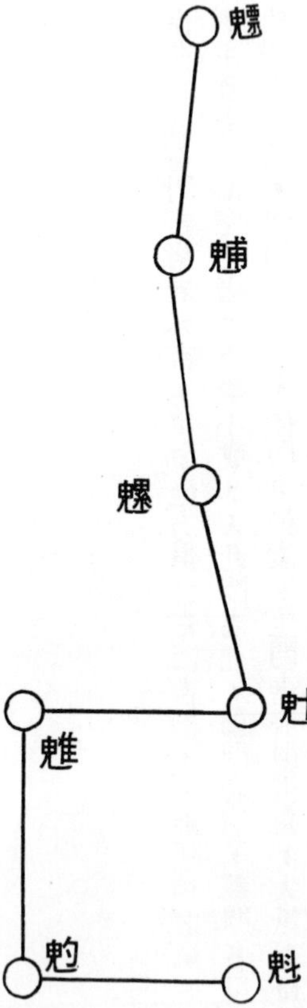

凡出兵左足向前踏去念咒曰：「禹步相摧登陽明，一氣混沌灌我形，天廻地轉陟七星，躡罡履斗覺通靈，惡逆摧伏妖魔群，衆星助我斬妖精，我得長生遊太清。」左右足一步一句念去，切不可回頭。

二、值符之關係

蛇—三軍司命。符—士卒旗鼓。陰—陰謀埋伏私通。合—主謀臣贊畫。朱元—間謀軍讓。

三、值使之關係

休—養生納降。生—修營壘安軍圖。傷—賞討捕逃。杜—伏險夜遁堅壁。景—投書探聽。死—行利錄囚。驚—擒殺。開—門壁迎敵遣使。

四、十干之關係

甲—總戎。乙—副將。丙—先鋒。丁—說客。戊—大隊。己—輜重。庚—勁敵。辛—遊騎。壬—騎兵。癸—天塹。

五、九星之關係

猛將。狻將。戰將。儒將。兇將。頑將。義將。雄將。天將。

六、九宮之關係

(1)申子辰宜水戰。(2)四維（寅申巳亥）士利攻圍。(3)寅午戌宜火攻。(4)節炁。(4)節符。(6)節符。(7)巳酉丑戰。(8)四維士堅壁固守。(9)亥卯未援解。

七、門戶之關係

太陰、六合、九地、九天，喜臨勾、白、朱、元。忌照天馬，更坐天馬出行，如乘飛驥。

八、三甲之關係

孟甲，合陽星陽炁在內利戰。合陰星陰氣在內利守。仲甲，合陽星於後應。合陰星陰氣在門利守。季甲，合陽星陽炁在外利守。合陰星陰氣在內利主。

九、干支之關係

日干我軍，時干敵軍，日尅制時戰必尅。時干若尅日干，號令三軍宜堅壁。日干若受時干生，來將私意懷歸伏。惟嫌壬癸作生神。（水土詐故也），須防詐降終無益，時干若是脫日干，對壘之間閃賺的，主客從來分時日，先起之兵卽作客，日支時支偏將輪，生尅休咎如干陳，兩家納音宜究檢，先後勝負援剿因，辨出行居生旺氣。休囚刑尅君莫向，天罡六壬元妙道，煞貢人專與大安，明堂天德金匱較。

十、論值符

值符占驗大將軍本宮傳吉，立大勛三宮檢點無凶碍，左右冲戰透將心。再將年命來參取，不值刑冲無禍侵。地天螣陰朱勾六，何者爲仇何者親，九地失刑防偷刼，九天害隔莫交兵，時日勿與值符害，方位宜同值符生。

十一、論值使

值使得令堪前進，取門有吉分正奇，推詳主副年與命，臨吉門中是勝基，倘值網羅並反伏，太公陰符不用之。

十二、論十干

奇偶各有所分，務宜別其屬最忌，囚墓與刑格，制甲之神（庚）喜休囚。輔甲之神怕孤隔，甲所用之神如伏仇，奉營奸宄須推測，查其本局孤與虛，係何奇儀落其局，若分局既直孤虛宮，畢竟吉凶半準的，天盤用落宮，與值刑尅，切忌臨此遭損失。

十三、論九星

九星旺方能取勝，若是休囚失地忌興師，悖格飛伏皆難許，最羨吉宿得奇門，天上風雷來助武，上下左右魁與罡，躡罡履斗丁甲使，疑神疑鬼壯軍威。

十四、論九宮

九宮起元考天時，地適三方亦證推，水火金木土各別，主將年命莫教違，正局老營堪立寨，過局輜重可屯棲，將來局位伏接剿，奇正分兵奏捷回。

十五、論門戶

門戶忌廹墓，格刑欣逢遁假詐，使來如若加臨孤虛地，出軍不利好逃兵，倘逢天乙登天門，煞設神藏任取亨。

十六、論三甲

三甲詳分開闔情，開宜興師闔偃兵，孟甲反伏不宜動，仲甲反伏猶豫情，季甲反伏皆宜動，此從罡訣斷玄宗，更有三加玄加臨，遲甲變速動中奪，孟甲加仲宜哨探，加季上面好進征，仲甲加孟始當心，加季宮中快起營，季加孟權駐北，加仲之時防伏兵，陽時喜逢上尅下，陰時尅上亦稱情。

十七、論吉凶格宜忌

青龍返首，一戰成功，飛鳥跌穴伏兵取勝，天遁大開旗鼓，所戰必尅，地遁安置營壘，埋伏出奇人遁，利偵探神，使陰謀鬼遁，偸劫營可行，龍遁祈禱大利，虎遁招討威振遠方，風雲二遁，抽避爲良，三詐爭戰定勝，五假變陣成功，三奇得使偏將效力，三女守門陰私可行，三詐宮百戰皆捷，天輔時有罪可原，天三門宜張招撫之旗，地四戶須置埋伏之卒，地私門潛藏之路，天馬方逃難之鄕，吉星吉符吉戰爭，攻取均宜，乙加辛宜防敗北，辛加乙宜勿圖謀，癸加丁軍謠有變，丁加癸，將撤生疑，伏干當慮暴出之師，飛干恐墮敵人之計，伏宮勁敵難禦，飛宮先鋒失機，大隔怕遭刼掠，小隔須防伏兵，刑格戰鬥罕利，悖格乍起軍驚，歲格主營生變，月格偏將受傷，日時格豈堪搦戰，五戰不遇，切勿進征，熒入白兮，詐退而必返，白入熒兮，窮寇而莫追，網羅豈避坑陷，返伏（反吟伏吟）却忌交兵，三奇入墓與刑制，副將援兵不協情，六儀擊刑，戰雖利而有損，門宮制迫，營雖固而防冲。

㈡論占官祿

一、值符所屬

值符—主官僚品級升除謫降。螣蛇—主行人遊府織造廷尉。太陰—主兵刑工錢廠。六合—主吏禮。勾白—主總制鹽政。朱玄—科道稅水利營等官。九地—屯衞有司。九天—主巡撫。

二、值使所屬

休—青齊吳濱海，生—幽燕楊，傷—豫宋兗濱海，杜—鄭荊楚濱海，景—雍州堂治，死—秦益晋土穀，驚—超迎關，開—徐魯並御。（按：以上所列皆係戰國時地名，現在已不適用，宜以方位活用之可也。）

三、十干所屬

甲—主將、副主將。乙—布政、書院。丙—禮科、鴻儒。丁—逃、方。戊—關開主、事必成。己—鹽漕、糧儲。庚—提督、刑科。辛—按察。壬—清理司。癸—水利道。

四、九星所屬

天蓬—總督操江，天任—太常四廠，天衝—織造，天輔—翰林，天禽—撫臣，天芮—關帥總兵，天英—通政行人，天柱—副紳戎政，天心—君臣。

五、九宮所屬

⑴河漕鹽運。⑵有司。⑶禮部。⑷節氣，申子辰，巳酉丑。⑸節氣四維土。⑹節氣，寅午戌，亥卯未。⑺兵營部屬。⑻鹽政。⑼吏戶工。

六、門戶所屬

外轉主天門，內轉主地戶，年命官星遇門戶乘天德天乙天馬者陞，年命利悖隔伏官星與年命相傷者降。

七、三甲所屬

孟甲主春選秋選，仲甲主夏選，季甲主欽取部取。吉星値開，利推薦，凶星値闔，宜愼參究。

八、干支之關係

時干爲印、日干官納貢藏化、品秩看官印相生多利益，品秩衰旺逐時採，傷符未保前程遠，傷使地方恐不安，最怕截空與刑墓，陞謫除降有來源。

九、值符之關係

值符占官品秩階，旺相休囚着意裁，誰生誰尅旁宮取，進退加臨官爻諸，不值刑囚並墓陷，定然榮任稱心懷。

十、值使之關係

值使從來論地方，五凶三吉各分疆，門凶得令堪終任，門吉迫刑俸不長，遠近勞逸與殘廢，乘逢生斷顯揚，更將祿馬考方位，入門飛伏可參詳。

十一、十干之關係

十干責分所屬宮，本宮得令始爲懽，奇儀生合多獎薦，一值刑害參罰看，合處帶刑池魚咎，比旺干旺不須貪，只喜官爻奇儀旺，金章紫綬笑彈冠。

十二、九星之關係

九星恩難用仇分，恩星得地喜生君，吉凶大小分僚屬，仇難無侵官印欣，三方對照查冲合，旺相休廢著意尋，最宜本符星旺相，威福從君可稱心。

十三、九宮之關係

九宮起元論轉遷，推選所屬逐元宮，新舊起復宮局數，所活職事亦相兼，水元轉金當署篆，木元轉水俸加添，最忌宮元入子舍，刑害空陷足堪嫌。

十四、門戶之關係

門戶內傳與外傳，年命貴人祿馬算，吉星會合指日陞，凶神迫害官不遠。

十五、三甲之關係

三甲開合有神機，開則推選合尚遲，孟仲季兮時令斷，半門半合卦中推。

十六、吉凶格之關係

返首最吉行取陞擢，趺穴俸厚歲深，虎狂筵仕不利，龍走任所蹊蹺，得遁格利以除授，逢假局可以掛冠，三詐利求獎薦，三奇喜實不空，年命得喜上下歡悅，守門而地方稱心，三門四戶切莫刑制，符天馬私門再忌勾白，螣蛇夭矯，而地方有變，投江而文案關心，飛干伏干在科道之參罰，伏宮飛宮任督撫之罪尤，大隔小隔，士民怨嗟而居任不滿，刑格悖格同僚不睦，而官途多歧，熒入白宜防賊寇，白入熒亦愼灾殃，年月日時逢悖格，已過將來事可詳，五不遇格難以調選，六儀刑兮網羅有傷，入墓所任官居不顯，返吟門迫地道不良，行使休囚未必終任，年命刑害豈得還鄉，大約元星旺相，又得日時相幫，年命逢恩值吉，天乙守照爲祥。

㈢論占詞訟

一、值符所屬

符蛇—禍患，陰—責罰，合—吏屬，勾白—推提刑杖，朱元—文卷挑唆，地—贓物，天—上司。

二、值使所屬

休—彼此一般。生—賄賂囑託。傷—總責喝散。杜—寃屈難伸。景—文牒轉移。死—贓執追呼。驚—定罪虛驚。開—訴辯得理。

三、十干所屬

甲｜生於亥。乙｜生於午。丙｜生於寅。丁｜生於酉。戊｜生於寅。己｜生於酉。庚｜生於巳。辛｜生於丑。壬｜生於申。癸｜生於卯。

四、九星所屬

天蓬｜陰險星，天任｜遲滯星，天衝｜怒惡星，天輔｜恩赦星，天英｜喝散星，天芮｜贓吏星，天禽｜清星，天杜｜樸責星，天心｜喝散星。

五、門戶所屬

原告責天門，辦訴責地戶，吉星同天乙生合年命及干符者吉，凶星同勾白傷尅年命及符使兩干者凶。

六、三甲所屬

孟甲有驚，仲甲易散，季甲防險，開值吉星者勝。閤值凶星者輸。

七、干支之關係

日干原告，時干被告，日支時支干證類納音所藏是問，干尅日傷時總不吉，時日生合訟宜和，時日尅制負異，兩支相會證人作奸，兩支刑傷中證累，日干如若傷時干，原告利口多惡意，時支又或克日支，作證中人硬口利，本時干支同傷日，案倒如山眞可畏，只看納音却如何，若要助仇擬狀罪，時日兩家定高低，旺相休囚與死廢，旺氣制囚可望贏，囚來尅旺空費氣，再看納音脫何干，就裏賄賂眞得計，更將年命納音查，生合干納方無慮。

八、值符之關係

值符占訟作問官，符宮網母酷與貪，符傷日干責原告，符傷時干被告寃，看其誰生誰受尅，兩家勝負可分端，官符入官中駁類，官符入爻結案堪，符空入陷無準的，日下審豁未可原，朱蛇遙尅文案駁，陰六來傷樸責喧，勾白制干差役惡，前項生合死爲懽，地屬有司作寇仇，時近衙門未可投，天係上司若生合，狀投憲制可消愁，更查逐日陰貴，有如甲戌庚午類，幫扶生日得自由，大約用神無代制，行進起脫可遨遊。

九、値使之關係

値使八門，値使占事之起隙，各從五行分斷義，木金相交門毆嗔，土木相持田宅類，水火激博姦盜情，旺相休囚孤謊議，吉迫先勝後必輸，凶迫理直斷作屈，必查兩干本門機，旺勝衰兮不須贅。

十、十干之關係

奇儀子父與財官，年月日時十字參，事跡須從六親論，審理時日官爻親，干怕刑兮干怕隔，休囚遲速可合觀，鬼要空兮身要旺，父宜墓兮子當權，最宜恩曜臨身命，縱然險危不到官。

十一、九星之關係

九星條合吉星生，吉星生合定稱心，凶星激伐宜刑杖，看臨何干生何刑，性空本宮居旺氣，不犯凶星理自明，若是孤星又囚弱，縱然審斷不輸贏。

十二、九宮之關係

九宮論訟新舊情，旺則興訟衰則停，退臨後氣事已往，進臨來氣正當興，水元轉土堪結案，木元轉火訟又生，本局還歸本局定，此局當了莫生心。

十三、門戶之關係

門戶原分告與訴，告看門兮訴看戶，門不傷干原告呈，戶不傷干訴得利，門戶若是總刑格，勸君莫進公門去，官父二主制門戶，再傷年命恐因繫。

十四、三甲之關係

占訟孟甲事多憂，如逢仲甲便了休，季甲當符防罪責，開符理兮闇生愁，若求用甲無刑害，官雖發怒亦當投，半開半闔須擇比，較合時日兩干求。

十五、論吉凶格所關

返首格原告欠利，跌穴格被告不祥，虎旺龍走公庭有傷，得遁賄賂可勝，詐假囑託備良，三勝三吉喜臨年命，得使而商役效力，守門而陰小作殃，三門四戶切記日干時干逢，悖格經年經月始消禳，五不遇兮訟直而遭屈斷，六儀刑兮類神恐有徬徨，入墓羅網不宜占訟，反伏門迫翻案疊詳，符使休囚雖訟而無益，年命受尅，見官而乖張，大約初入官司喜，遇官鬼興隆，久遭纏害，偏宜爻鬼墓絕，官日兩干無尅制，管取喝散喜非常。

(四) 論占晴雨

一、值符所屬

符—九天日月，風雨晦明。蛇—雷電虹霓。陰—霜雪冰凍陰雲。合—和風麗日。勾日—呵霧沉晦，疾風暴雨。朱元—天鼓雷電，密雲細雨。地—陰晴苦寒。天—晴空爽氣。

二、值使所屬

休—白雲甘露，苦寒細雨。生—狂風黃沙，傷—青氣電雹，風雲暴雷。杜—虹霓赤電霹靂。景—虹霓赤日炎風，死—陰風寒凍冰霜河漳。驚—狂風霹靂暴雷。開—霞彩雷雹。

三、十干所屬

甲—青龍旭日穀風，乙—青龍和風麗日，丙—朱雀新月電光。丁—朱雀景星慶雲，戊己—勾陳霜霧瘴氣，迷濛澡濕。庚辛—白虎嚴霜，暴雨，秋各則嚴霜，壬—元武疾風暴雨。癸—元武潔雨虹霓凝冰，肅氣按其時令。

四、九星所屬

天蓬—烏雲蒼龍，陰雨怪氣。天任—霧瘴風沙。天沖—風沙雹晴爽氣。天輔—虹霓祥雲。天英—彩雲晴風霓電。天芮—霧氣陰霾黃沙。天禽—晴嵐淑氣爽籟甘露。天柱—風霜霹靂寒冰。天心—雷電寒光赤霞白氣。

五、門戶所屬

晴霽—責天門，風雲—責地戶，門戶。合—陽陰，宮—陽陰，星—晴雨。

六、三甲所屬

孟甲—丙開，甲寅。仲甲—半開，甲子卯，合甲申，半合甲午。季甲戊—俱合甲辰甲。

孟甲多陰雨，闔陰開時取仲甲，半陰晴開闔細搜尋，季甲晴堪許，開闔從星學。

七、干支之關係

日干爲天，時爲地，納音五行陰陽帝，天尅地兮風生林，地尅天兮空霧氣，天地生合論化神，（如甲己化土之類），金水甘露天未霽，細雨納音生尅情，五行時令消息意，假如合水納是金，管教刻下風雨至。

八、值符之關係

水局主雨金局寒，門金符水教出潭，若是符金門到水。只疑飛龍入九淵，土局陰霾未有涯，未或四野起黃沙，多深符土門金凍，門土符金飛六花，符門之間火木局，天地晴和實可誇，木局風生火局晴，春夏之斷得靈，惟懼囚墓廢時日，反致風停細雨霧。

九、值使之關係

值使各逐本宮求，旺氣逢生從類搜，刑制格局吟反伏，陰晴變易有來由，休囚死廢無定據，縱有風雲時收。

十、十干之關係

三奇六儀所臨宮，陰晴尅應好推窮，惟忌背令刑墓格，時違三合究其綜。

十一、九星之關係

九星陰陽判雨晴，符泊旬空未可凴，陽星陽宮晴堪怒，陰宮陰星主晦濛，半開半闔晴兼雨，內外開闔先後評。

十二、九宮之關係

占驗雨晴論天乙，須究五行起元例，得令失令與刑格，生尅制伏陰晴別，太陰元武司陰雨，六合白虎雷風生，朱雀蛇轄雷雹虹，勾陳陰霧並霾取，日時月格刑悖逢，陰陽星宮雨暘迹，九天九地奇儀到，陽開陰闔究玄宗，雨占奇儀化合神，方位時刻可詳料。白虎到巽六合乾，旺相生休廢烟，朱雀坎位元武九，主勝客氣雨必然，惟有太陰並九地，或晴或雨論宮纏。

十三、門戶之關係

三門六宮別陰陽，奇儀加臨仔細詳，陽明陽星三奇會，斷定三光出時方，陰門陰星三奇會，會著之時不顯揚，日月星天門照，中宮乾巽見三光，風雨儀神會陰星，來臨六合陰勢生，地四戶兮值陰宮，六儀臨之風雨宗，三奇陰星墓地戶，必主其光不照空。

十四、三甲之關係

三門八宮別陰陽，須從開闔細推詳，再察符使干星類，會合時令下推詳。

十五、吉凶格之關係

跌穴主晴，反首主雨，纏在陽宮方晴，移居陰垣定雨，白虎狂兮立見風生，青龍走兮決然雨至，蛇夭而陰雲密佈，投江而大雨淋漓，熒入白虹霓頓起，白入熒雷電依稀，庚格陰晴疊變，雨將電日年移羅網四張，須知遍佈陰暗，時日生尅的是晴雨眞機。

凡占晴須論符，天朱蛇勾白之神，與八門生景死杜輔禽英芮並起元於火木局，三奇得位，戊己當權，陽星開心主晴。

又凡占雨須看地陰元白之神，與八門之休驚開傷，九星之蓬柱心冲並起元於金水局，三奇虛墓庚辛壬癸當權，陰星闔必陰雨也。

(五)論占身命

一、值符所屬

符—發軔之初，氣槩雄偉，羊盾虎皮，蛇—口實虛驚，奸佞心毒，委曲宛轉。陰—小人暗算沉滯猥小，深謀遠慮。合—親朋招撫，和藹慈祥，易惑易動。勾白—事多磨折果敢執拗，道路驚恐凶勇成權，朱元—詞訟是非巧辯能文，宜防欺僞奸詐險邪。地—宜防險阻深機大度險謀險測。

天—出谷遷向軒昂大方，虛張聲勢。

二、值使所屬

「休」—利謁見安葬固執，事掘而伸。「生」—利經營安葬，守時，鳴則驚人。「傷」—利捕獵得凶着損，先令損傷。「杜」—利遮欄安分，潛形隱匿秘密。「景」—利投書，利見大人，文書消息。「死」—防縊死，收積財貨，吊喪刑行。「驚」—利擒訟聲名振世，鬧殺虛驚。「開」—利遠行遠圖舉謀營造市賈。

三、十干所屬

「甲」—若父兄卿高人君子。「乙」—如姊姑妹僧道藝術。「丙」—兒外甥佐詩人墨客，「丁」—女孫使媒妁。「戊」—妾健步。「己」—妻婢農人士工，「庚」—祖父將帥軍校。「辛」—祖母陶冶匠尼。「壬」—母牙客舟人，脚投穩婆。「癸」—母姨參謀博士。

四、九星所屬

「天蓬」—鬚眉肥濁，勇猛沉滯。「天任」—倭跎跛足，僞詐師巫。「天冲」—儀表清奇，善辯奇律。「天輔」—清秀歌訣，文雅和順。「天禽」—竭正忠良，淑順正直。「天芮」—黑矮肥胖，拘執忍耐。「天英」—棗面青鬚，稀髮痲斑脫穎。「天柱」—長大雄狼，剛暴險惡。「天心」—濶面重腮大耳，果斷辨才。

五、九宮所屬

「一」—得令，才名雙美，失令，風流蕩子。「二」—得令富厚，失令奔馳。「三」得令聰虛詐，失令有始無終。「四」—節，四維土，氣，四庫土。「五」—節，四維土，氣，四庫土。

「六」—節，寅午戌，氣，亥卯未。「七」—得令，威名服衆，失令，刑尅險惡。「八」—得時有格，失令執滯。「九」—得時，清秀文墨，失令，匠作詭謀。

六、門戶所屬

榮貴責天門，富厚責地戶，門戶合陽宮，陽星得令者，軒昂近貴，門戶合陰宮陰星失令者，陰險小人。

七、三甲所屬

孟甲多慷慨，開主武魁，闔主瘦長，或矮疲，仲甲多瀟洒，開主飄蕩，闔主刑吉或僧道藝術，季甲多敦厚，開主刑冲，闔主慳澁孤獨。

八、干支之關係

日干爲身，時干爲命，納音之中，運氣定，身無傷尅是吉胎，納音生扶，事業因歲月日時，行年命宮分，泊落細推尋，已過將來及時旺，子父財官逐類分，大凡值符怕空鄉，生平事業甚乖張，年命再值別格墓，只疑前程不久長，次及歲月日時干，不值刑格事多懽，其中有一失宮次，根苗花果分類看。

九、值使之關係

值使是考驗人之作爲，逢生乘旺始相宜，倘值刑害兼格墓，所謀未許遂心期，從旁檢點年命上，次及四干門所依，五凶三吉並空廢，休咎其間另有機。

十、十干之關係

奇儀九處序，六親各從起，宮辨來因，值符宮元時元旺，得符使亨利貞。

十一、九星之關係

九星占身命，自古皆以辨別其人之性情爲主，各隨五行考義經，孤虛旺相及年命，逐一參看自通靈。

十二、九宮之關係

九宮起元考系派，會局得時多貴介，逐類用神察旁宮，作術興廢數內看。

十三、門戶之關係

須察奇儀分八卦，宮陷墓絕論親因，年命所欣三六會，算來人物自亨通。

十四、三甲之關係

三門四所合陽開，年命逢之顯者來，如若失令值陰閤，作事多負巧中呆。

十五、吉凶格之關係

騰蛇含金憂口吻，忽然墜水生灾非，太陰課體或承羞，六白臨西陰謀忌。勾陳卯位公事擾，到艮申庚門毀嗔，白虎驚柱啣刀可畏，朱雀杜景喧喧噪堪嫌，元武居乾不能終勢，九地杜死沒齒無聞，九天生開龍變化。

甲乙春榮，丙丁夏盛，戊己四季，庚辛秋旺，壬癸喜多，此皆發達超群之人，至若甲得己而中正可風，乙遇庚而剛柔相濟，而合辛而施威，丁見壬而諂媚，戊癸剛決無緣宵小。

八宮互合藹藹吉人，各宮偏黨硜硜鄙劣，合中帶刑美不足，凶空吉寔樂有餘，從其相生避其相尅，年月日時參究，遁得龍返首，而事業順美，鳥跌穴而聲名顯揚，得遁才堪權變，逢詐自能幹旋，得使急外有助，守門出入亨通，五假機緣邁衆，三勝膽略過人，夭矯作事虛驚，投江而文信遺失，伏干出遺財物，飛干恃強自傷，伏宮須防盜賊，飛宮事業消亡，大隔小隔謀爲不轉，刑格悖格，禍自內生，白入熒宜防外敵，熒入白，仇敵自亡，龍逃防身災晦，虎狂恐物乖張，五不遇擧動蹭蹬，羅網張出入宜防，六儀擊刑凶災各別，三奇入墓，圖謀不揚，反吟伏吟多啾唧，吉凶門迫，果非祥。天馬吉門臨命上，策驥生方永無殃。

凡占命造，須看其本命行年屬何卦氣，當令失令以斷其生平之吉凶，次及本日干火之納，正時干支之納，生旺尅制何如，以斷其目下事業之興衰，值符起元何宮，元屬本宮何親，今行何卦，旺相生尅何如，其子入父垣，妾讓妻位，從中斟酌，自得消息，再詳值使，以定其眼前之作爲，會合年命，以觀其變化之神妙，如父占子，則看兒舍，夫占妻則論妻神，遂得所值之星，以察其心事人品，更加詳於門戶開闔，三甲陰陽，自當得其玄妙矣。

㈥論占考試

一、干支之關係

日干原爲應試之人，時干却是主考，臨日支，文章忌刑害，時支場屋所寄，陳納音之中去查取，等第優劣可詳分，旺相生合爲吉兆，刑囚攻截總遭迍，日生主考宜賄囑，主考生日宜中君，文章最與主考合，擲地金聲姓氏香，惟忌時納遭刑制，只恐類窄有遺淪，兩支亦忌相刑害，傷驚塗抹要留心。

二、值符之關係

科試先須論值符，逢生合望可進圖，朱白生身名高擢，勾蛇刑害卷糊塗，年命日元天位，皇旁類多吉副榜邊。

三、值使之關係

值使論門以後先，開遇九天御筆鮮，杜臨九路孫山外，景門臨之不列前，大約用門無刑格，都得意唱傳臚。

四、十干之關係

奇儀用神怕刑格，飛伏宮次相推測，三奇湊聚年命間，來朝定作金榜客。

五、九星之關係

符星起伏忌孤虛，背時擊刑總嗟吁，入爻入官要身旺，獻策投書可曳裾。

六、九宮之關係

起元專考飛伏宮，弱飛旺兮可從龍，官爻互交多得意，比脫加臨可落空。

七、門戶之關係

將揭曉兮看天門，吉星生合步青雲，初入闈時看地戶，得令生官高中人。

八、三甲之關係

三甲區分前後中，陽開星吉與生身，得此堪言名以已備，只從甲位寄奇踪。

九、吉凶格之關係

返首跌穴無疵，方得成名，虎狂龍走有傷，那能進步，天遁人遁際會風雲之客，虎遁龍遁蟾宮折桂之人，俱要塡合年命用干，始可斷其天衢得路，三詐五假從前，折桂始亨通，得使守門，旁求公薦方得意，門戶忌傷，符使人元最怕休囚，天馬上乘朱雀，泥封已出天衢，夭矯而文不入式，投江而卷或漏遺，伏干飛干只疑場屋生變，飛宮伏宮又懼試後興殃，格隔進呈有阻，刑悖字號宜防，熒入白兮不第，白入熒兮不揚，不遇徒勞獻策，擊刑反惹驚惶，入墓網羅，年命吉而可言中，反伏門迫，雖入試而未免狼猶，天乙被馬乘，吉時來生年命自飛黃。

㈦論占求財

一、干支之關係

日元爲人，時元爲財，兩支中間債物船，納音之中定市價，孤虛旺相着裁量。日尅時者財可就，時尅日者惱心懷，買貨時支分貴賤，生合人元可買來，賣貨日支分休旺，最喜生支又作財。日納如若尅時納，倍息生意財源豐，時納若或尅日納，空費心機事不諧，一切藝術圖謀事，亦喜時生鬼化財，大抵上下無刑害，始終如意不須猜，索債取捕他受制，支納生干可得來。

二、值符之關係

值符爲貨物交易之情，或生或旺休廢刑，賣貨生旺宜售客，買貨休囚當速成，六合中人忌休尅，勾如傷用必遲行。元武朱雀傷人防失脫，又恐腐爛貨不眞，九地生身宜堆積，九天生合賣遂心，就使空拳去覓利，亦喜符旺又相生。

三、值使之關係

值使爲求財出入之方，門無傷尅利偏安，吉門更臨生旺地，腰纏萬貫可行藏，若得用門守財令，坐賈行商不用忙。

四、十干之關係

奇儀詳分子與財，子旺財生可遂懷，最喜財庫臨身命，到手時日此中該。

五、九星之關係

符星喜旺制財星，財星空旺總勞神，財星化鬼君休覓，鬼化爲財白手人，若還飛入比肩地，其間必定有分爭，財星若去投子舍，我到其方必獲成。

六、九宮之關係

九星起元分辨是何財，土宜布菽粟鹽諸，水木經商，火窰冶金爲錢穀，珠玉該時日會，元乘生旺，此時端的遂心懷，只有飛伏臨何處，便察從何得將來。

七、門戶之關係

門戶莫與財元刼，生助財宮方安貼，符元更制門戶上，青蚨多翼方門歇。

八、三甲之關係

孟甲原宜去求財，仲甲半喜遂心懷，季甲欲求求未得，開闔中間得失裁。

九、吉凶格之關係

反首跌穴格，垂手可得，虎狂龍走枉自逢迎，得遁格機變而取，逢詐假設計以求，得使而中人效力，守門而坐賈偏宜，三門四戶最宜生合財神，天馬私門不宜刑冲符命，夭矯而人情反復，投江而售賣不行，伏宮飛宮，此地不比他地，伏干飛干此人不比那人，大小格難以覓利，刑悖格就早抽身，熒飛入白者宜買貨，白入熒者賣得情，空費心力，擊刑此處難求，入墓網羅縱見利而不能得手，反伏門迫雖懷寶而難入，亂邦最要持納，符元三才合式，不逢鬼刼爲詳。

(八)論占行人來否

一、干支之關係

推測行人來不來，只從時日細安排，時光合生日元上，（月）建制日支軍馬回，又喜時支作日馬，日支合馬歸時下，若使時馬係日支，投墓支干定歸期，最忌截空與刑墓死絕，多應音信稀，日音時納去留人，納音生合已登程，時音來尅日干納，行人飛驥在武陵，干納尅制用時納，縱欲動身又怕行，更詳臨宮占驥馬，三合時日察歸情。

二、值符之關係

值符所推論行人，旺相達生必稱心，休囚刑尅豈得意，空亡在後想家門，勾白朱蛇逢尅制，多般遲滯是非生，元武太陰如生合，又疑陰小絆行程，五馬如投天與地，歸鞭已拂嶺頭雲。

三、值使之關係

值使可斷人行踪，門合來方歸意濃，惟忌驚傷與杜死，刑格迫伏未回踪，開休生景乘天忌，加臨干符墓相逢。

四、十干之關係

十干時爲望親歸，用神乘馬始來臨，馬阻關東歸未得，馬過山谷喜相尋。（馬卽驛馬之類）

五、九星之關係

九星南北與東西，來旺投身在外棲，入墓加比營歸計，前程空絕必回盧。

六、九宮之關係

起元伏問去何方，却將本局所推詳，議歷過來搜，父比此官，此日合回鄉。

七、門戶之關係

門戶要合時與關，時日驛馬可搜尋，要看加臨何親屬，加合占人評來臨。

八、三甲之關係

行人孟閣未登程，仲甲開者路宿雲，季甲值開人便到，本甲之上考門時，喜時日干支門符坐馬來，馬又查行人類神，年命相生相合，而甲門內開不閣大爲準到也。

九、吉凶格之關係

返首跌穴格早已束裝，其中遲速刑合參詳，虎狂格羈留而不返，龍穴兮蹭蹬不歸鄉，道格合時日兩元可以言到，三詐五假會白虎朱蛇，書信必來，蛇夭而道路災疫，投江而歸計徬徨，飛干伏干，來情不善，伏宮飛宮客若遐荒，大小格而遷延時日，刑悖格而彼此俱傷，白入熒而行人將到，熒入白而書信皆空不遇，何須盼望，擊刑有事相妨，入墓無妨可云到宅，羅網相隔，莫斷回鄉，反伏門廹須分行人遠近，若合驛馬臨宮，反主去客登堂。

(九) 論占出行

一、干支之關係

日元爲人，時元爲地頭，人元尅地，去向利。時元如若尅人元，所往之方多不濟，時納所藏是中途，不傷人元堪策驥，若得再來生日元，未到地頭先稱意，最忌截空與刑害，進退超趄方另議。

二、值符之關係

出行道行宜生旺，六合所主同伴儅，勾陳白虎依程途，朱蛇文信口舌項，元武所主盜與奸，前後俱忌相利創，地陰尅制路多歧，九天生合宜去向。

三、值使之關係

出行值使最爲重要，加臨無傷始堪用，本門起自何卦中，飛臨生合人趨奉，其間用空與落空，反伏迫格及刑衝，起程不得走無向，勸君另自卜門從。

四、十干之關係

奇門所主六親神，旅舍風塵亦同因，圖謀宜入財宮位，投托須臨父舍恩，忌入官鄉與刑格，再據地方車折輪。

五、吉凶格之關係

吉格事事俱吉，凶格事事俱凶，夭矯防口舌，投江莫長驅，伏干飛干，途中前後有變，伏官飛官，早晚旅宿多殃，大隔小隔舟車宜防，刑格悖格盜刼鬥傷。

熒入白而火盜留意，白入熒而輜重提防，不遇何勞遠去，擊刑莫求行裝，入墓羅網，切莫輕身險地，反伏門迫，進退受困奔，必求符使叶吉，助元無碍起行。

㈩論占家宅

一、值符所屬

「值」—宅艮山向，「蛇」—向小婢驚癇，「陰」—女婢，「合」—子女弟兄親友，「白勾」—奴婢道路，「朱元」—光棍口舌，盜賊小人，「天」—明堂，「地」—時室。

二、值使所屬

「休」—坎宅門路，「生」—艮宅門路，「傷」—震宅門路，「杜」—巽宅門路，「景」—離宅門路，「死」—坤宅門路，「驚」—兌宅門路，「開」—乾宅門路。

三、十干所屬

「甲」—棟柱。「乙」—梁柱建檽，東門臨場。「丙」—香火堂。「丁」—屈灶。「己」—住居天井房屋。「庚」—過道屋脊爐熣。「辛」—團積戶牖釜甑。「壬」—小路，門扇井。「癸」—廁，後門路。

四、九星所屬

「蓬」—房屋亭院神，中男，婦女。「任」—少男道士，道路。「衝」—長男經紀戶牖棺。「輔」—長女僧尼鼎筐。「英」—中女堂室。「芮」—老脊道路井院。「禽」—母姨堂室。「柱」—少女門戶，父叔廁閣。「心」—墻。

五、九宮所屬

「一」—得令失令。「二」—得令大圓寬廣。「三」—得支令高低中院，失支令，大破低路。「四」—節，申子辰，氣，巳酉丑。「五」—節居四維土，氣居四庫土。「六」—節，寅午戌近岡治，氣，亥卯未近橋梁。「七」—得令四齊院密，失令缺凹破敗。「八」—失令傾頹凸凹。「九」—得令曲直新鮮，失令衰折中。

六、門戶所屬

朱白忌登天門，勾元忌居地戶，門戶合陽星旺相者，宅宇宮，陰星休囚者，軒昂宮。

七、三甲所屬

孟甲，前門路開旺光明，闔囚歪破。仲甲，中門堂陽開整齊，陰開破漏。季甲，後門墻開旺壁光新闔破損壞。

八、干支之關係

日干為人，時干宅，人宅相生多利益，人若尅宅庶可居，宅若傷人住不得，納音生尅與刑衝，較取年命定禍福，值符從中作生授福神，到堂喜安逸。

九、值符之關係

占值符逢休廢，人眷房宇疑衰替，飛宮上下兩無傷，前後新舊皆遂意。

十、值使之關係

值使得來怕悖迫，尅儀落宅及反伏，水木漂流火金勞，土值刑傷災疫逐，金水刑囚露風聲，木火猖狂防回祿，開杜生死若失宜，算來門向須改草。

十一、十干之關係

三奇六儀所臨宮，逢生乘旺必興隆，刑墓空亡悖隔害，休咎其間斷來踪。

十二、九星之關係

九星五行為六親，得旺無傷喜慶新，反伏二吟刑囚星，宅眷災迍當新尋。

十三、九宮之關係

九宮起元論風水，乘旺逢生為福基，假令飛符入鬼鄉，從旁休谷因類取。

十四、吉凶格之關係 (1)

虎入門者離散，雀帶刑者吏追，勾刑門者宅禍，虎害干者人進蛇附，蓬星值戰小口驚癎憂疑，武會任宿當權，匪人邪祟作孽，六合天柱，子女怨尤，太陰英景寵婢竊立，九地庚辛爲伏刃，若遇驚傷帶利害，而暗中有損，九天丙丁爲飛牒，若乘甲乙蓬尅戰，而光棍須防，朱雀再附丙丁，爲飛牒，若乘甲乙蓬尅戰，而光棍須防，朱雀再附丙丁，喧爭聒耳，元武更乘壬癸，宵小跳梁，庚辛見白虎得地，而凶勢愈張，戊己勾陳刑冲，而破敗立，燒尾之虎先凶後吉，入土之蛇蟄後須防。

十五、吉凶格之關係 (2)

返首宅宇軒昂，跌穴雕梁畫棟，藏風聚氣，遁格裏參詳，拱護有情，詐局中理會，得使而堂構森嚴，守門而家居清吉，五假抽添偏宜，三勝修造獲吉，乙加辛而房廊有損，辛加乙而虎首房強，癸加丁而厨師不利，丁加癸而魅祟爲殃，伏干入宅欠順，飛干基址招殃，伏宮招入如害飛宮禍起蕭墻，大格小格冲財不利，刑格悖格宅眷不昌，熒入白兮防怪易異，入白兮愼火光，五不遇兮人有損，羅網張兮見乖張，六儀擊刑凶災伏，三奇入墓暗幽房，天馬空陷無出路，反伏門迫總非詳，吉凶格見防其類，檢點六親何者當。

(十一)論占疾病

一、值符所屬

「值」－陽病，「螣」－驚恐夜夢遺精，「陰」－肺勞骨虛，「六合」－風痳，「勾陳」－翻胃嘔吐，傷亡道路，「朱白」－顚邪崩漏，「地」－陰症，「天」－落魄。

二、值使所屬

「休」—瀉利傷寒，「主」—癰毒傷目，「傷」—拘彎風寒，「杜」—壅寒喉齒養風，「景」—傷食疽行，「死」—蠱塊，「驚」—癆瘵，「開」—肺癰喉舌。

三、十干所屬

「甲」—頭面肝，「乙」—肩背胆，「丙」—額鼻心筋，「丁」—齒舌小腸，「戊」—脾，「己」—胃，「庚」—肺筋，「辛」—胸，「壬」—腎，「癸」—臟。

四、九星所屬

「蓬」—水祟爲災，「任」—冷廟鬼作祟，「衝」—吊柱產故索命樹性時疫，「輔」—天神舊願遂，東岳查判，「英」—杜司不安，「芮」—家先作祟，「禽」—城隍社神降福，「柱」—井墓爲穴，「心」—天神斗府降災。

五、九宮所屬

「一」—血症脈胳不利，「二」—脾胃病，「三」—火症心胸煩燥，宜溫涼，「四」—申子辰，巳酉丑，「五」—四維上四章，「六」—寅午戌，亥卯未，「七」—勞症筋骨不奸宜溫補，「八」—官針灸，「九」—風症肌體不便宜和解。

六、門戶所屬

發散責天門，消導責地戶，門戶遇刑擊其病在表有救，而陽症易治，如遇刑陷其病在裏有救而陰症易疹。

七、三甲所屬

孟甲主上焦之病，開嘔吐，闔結鬱。仲甲主中焦之病，開嘈噎，闔隔悶。季甲主下焦之病，開痔漏，闔痔閉。開忌刑，闔忌衝，陽開在表，陰闔在裏。

八、干支所屬

日干爲人時干病，納干之藏醫藥症，人尅病可云瘥，病尅人憂險應，醫能尅病始可投，如若傷人未可用，遙制符使是名醫，生合符使藥蹭蹬，惟喜自旺時休囚，五行檢點參病症。

九、値符之關係

値符占病所由來，刑傷尅制考病胎，陰六遙傷情慾病，勾地刑符滯未開，朱蛇制符因門惱，白天却是恐驚災，符入空鄉人不實，胎沒死廢着意裁。

十、値使之關係

値使占病之瘥劇，三五吉凶論義吉，値體囚主纏綿凶，更旺相堪畏懼，最忌墓命與刑，年時中詳占進退，氣凶退可痊，吉進瘥門戶，生吉始無慮。

十一、十干之關係

十干論病在何處，肝胆脾胃心腎註，參詳奇儀擊與刑，上下加臨識病處，木尅土兮脾胃傷，火尅金兮肺家替，金來尅木筋脈變，水尅火兮心腎廢，年命日時細參詳，生旺休囚知災豎。

十二、九星之關係

九星從來知禍福，吉凶星宿從所屬，旺吉星臨災無虞，死凶星照防哀哭，吉逢生兮凶不刑，任爾祈禱災不贖。

十三、九宮之關係

九宮病源與醫藥，水宜疎通木忌削，金宜溫補火怕鬭，土乃五行之歸稾。此行旺動比刑傷，變理中和醫的確，詳觀節氣察虛實，病識眞時藥不錯。

十四、門戶之關係

門傷發表佈何疑，戶傷治裏墓稽遲，門戶俱陽表裏治，陰陽先後判因依。

十五、三甲之關係

三甲開闔論三焦，泥丸尾閭夾背交，開若傷兮休尅伐，闔遇刑囚忌補調。

十六、吉凶格之表徵

返首跌穴吉課成，凶須得年命無傷，始云叶吉，虎狂龍走凶中有吉，若再刑迫符使便作凶推，地遁臨命已作黃泉正客，鬼假當權定知冥府迫呼，鬼遁人遁似非吉兆，鬼假人假非是休徵，三詐病有反覆，遁假貴辨陰陽，得使而制鬼爲利，守門而舊病不祥，三門四戶最忌刑墓，年命那堪喪吊，重逢天馬，私門豈宜擊，迫符使更嫌空亡，刑陷夭矯鬼怪近，投江魂魄揚伏干，飛干醫不明而藥味反症，飛宮伏宮人不安，而宅舍驚惶，大格小格胸膈便道不利，刑格悖格肢體脈絡相妨，熒入白兮病轉添，白入熒兮灾自退，年月日時逢悖格，新舊灾疫可參詳，五不遇兮將逝去，六儀刑兮有傷，入墓羅網纏綿灾異，反伏門迫迭，罹凶災，金爲屍兮木爲棺，屍入木兮寗得安，庚辛若來刑，甲乙飛入中宮哭聲喧鬧。

(十三)論占胎產

一、值符所屬

「符」—胎孕母，「蛇」—漏胎，「陰」—穩婆，「合」—男女，「勾白」—產門木催產神，「朱元」—胞衣，惡濁，「地」—胎神，「天」—產神。

二、值使所屬

「休」—胎產穩遲主男，「生」—胎產利主男，「傷」—產母有驚主男，「杜」—房屋空主女，「景」—胎安產速主女，「死」—子母金旺氣，「心」—金旺氣。

三、十干所屬

「甲」—胎於酉，養於戌，生於亥，死於午。「乙」—胎申養未，生午死亥。「丙」—胎未養丑生寅死酉。「丁」—胎亥養戌，生酉死寅。「戊」—胎子養丑，生寅死酉。「己」—胎亥養戌，生酉死寅。「庚」—胎卯養辰，生巳死子。「辛」—胎寅養丑，生子死巳。「壬」—胎午養未，生申死卯。「癸」—胎巳養辰，生卯死申。

四、九星所屬

「蓬」—水旺氣，「任」—土旺氣，「衝」—木旺氣，「輔」—木旺氣，「英」—火旺氣，「芮」—土旺氣，「禽」—土旺氣，「柱」—主生女，「驚」—有損折之憂主女，「開」—利產忌胎主生男。

五、九宮所屬

「一」—木局日時及甲未日寅時主生男。「二」—四維土陽主男。「三」—木局日時或丑寅日時生。「四」—節，申子辰，氣，巳酉丑，及此有坎坷刑害。「五」—節土雙生頂。「六」—節，寅午戌男，防虛驚，氣，亥卯未女怕休囚。「七」—本局日時及辰巳日亥時生主女。「八」

—四庫土陰主女。「九」—本局日時生，或酉日卯時及亥日巳時生。

六、門戶之關係

地戶無刑胎必穩，天門吉馬產無虞，門戶合陽星主男，陰星主男。

七、三甲之關係

孟甲胎穩產遲疑，開男闔女斷因依，仲甲胎懸孕將產，開闔小產刑沖機，季甲胎虛即產子，開闔虎馬定時期，孟利初胎，季刑三胎看年命落何甲下。

八、干支之關係

日干為母時干子，納音之中辨男女，順生利產逆生時，化合胎刑奇耦取，旺相休囚與孤虛，課元用神飛伏旨，大象無疵是吉徵，化父化鬼憂危體，行年木命納音詳，天喜生氣是方舉。

九、值符之關係

產母值符子，六合刑因旺相吉凶決，蛇白催六是生期，地陰合六當出月，推求時日兩不傷，子母團圓不須說，專責符元起何親，輪飛之宮可生合，吉凶男女細參詳，陰陽奇耦宮儀撥。

十、值使之關係

值使推詳羆與熊，門吉陽宮產豹龍，陰門陰宮瑤池女，刑尅空亡最忌逢，宮制門兮多不育，門制宮兮略有驚，若卜胎產全吉利，宮馬生旺天馬騰。

十一、十干之關係

儀主母兮奇正男，生合刑囚逐類看，胎養生死詳時日，起元飛加上下探。

十二、九星之關係

九星陰陽判胎運，旺相休囚時日輪，胎逢死廢孤與虛，起飛宮次五行門。入墓逢生辨速遲，當今孕實產將近，就中刑體可參詳，入鬼入財與入卯，化空逢生產物客，化死坐墓產憂門。

十三、九宮之關係

九宮起元分節氣，節氣分時猶阻滯，胎臨馬兮當轉移，長得馬產育易，金火逢官將臨盆，水木逢空擬不濟，廢土空陷必墮胎，酌取年命斷來意。

十四、門戶三甲之關係

占斷胎產有妙訣，門戶陰陽甲開合，陽開問產儘亨通，陰闔開通不須忌。

十五、吉凶格之關係

返首偏宜問孕，跌穴占產為祥，白虎猖狂產母似有驚險，青龍逃走孕子恐有驚惶，遁格雖多吉利，其中尚有徵疵，詐假本非凶格，胎產各有疑忌，三奇得使玉女守門，究儀神之陰陽可辨，弄璋弄瓦，考宮次之主墓，遂知男吉女良，蛇夭而孕非禎祥也遂，虞穩婆作弊，雀投江而子之長年，又兼小產須防，扶干飛干產母未免啾唧，飛宮伏宮嬰兒必定難當，大格小格子母鮮獲全濟，刑格悖格胎前產後不昌，歲月隔而胎重如山，時日格而坐草徬徨，入白入熒胎產應分遲速，而吉凶逐宮推算，返吟伏吟胎產貴辨星門而反吟二項分詳，星韜而胎不實，門反而臨產乖張，若是星門皆反，雖然產速有妨，不遇兮灾異，刑擊兮凶殃入墓，羅網產不利，男女年命不可忘。

（十三）論占婚姻

一、值符所屬

「符」—婚主，「蛇」—唆使，「陰」—女灼男飾，「合」—胥媒禮物，「勾白」—阻撓刑尅，「朱元」—口舌奸詐欺瞞說合，「地」—蓬滯女室遠涉，「天」—懽悅軒昂男家。

二、值使所屬

「休」—中男遲滯，「生」—少男年齒不等，「傷」—長男男家更變，「杜」—長女髮稀，女家失約，「景」—中女虛詐，「死」—母姑婆嚚，「驚」—少女殘疾，「開」—父老妝奩。

三、十干所屬

「甲」—男家長，「乙」—媒妁姨秀媚，「丙」—媒譟急，「丁」—媒使柔順，「戊」—禮儀，「己」—女敦厚，「庚」—奸讒刑門，「辛」—媒紅白，「壬」—媒妁姑長衣，「癸」—婚期婆。

四、九星所屬

「蓬」—黑矮暗疾，「任」—攣僻醜貌，「衝」—雄聲長瘦，「輔」—富厚才貌英紫赤細麻大聲，「芮」—斑點黃黑腰大，「禽」—端正，「柱」—清瘦須屬聲突，「心」—平麗有為。

五、九宮所屬

「一」—得令幽閒貞靜，失令蕩佚風塵，「二」—得令敦厚，「三」—得令半儀手采，失令疤痣淫佚，「四」—節，申子辰，緇黑聰明，氣，巳酉丑黃潤剛決，「五」—節，四維土，氣，四庫土，「六」—節，寅午戌麻赤，氣，亥卯未清俊，「七」—得令，名門大家，失令刑尅孤寡，「八」—失令跎跛，「九」—得令秀長，失令飄逸夭折殘疾。

六、門戶所屬

男家貴，天門女家貴，地戶—門戶。值—值符太陰，九—天六合者男昌，女地盛。

七、三甲所屬

孟甲宜長男長女，占利於初婚。仲甲宜中男中女占。季甲宜少男少女占利於再醮。陽開富麗男家富麗，陰闔無刑女家富麗。

八、干支之關係

日干爲男時干女，納音生尅從中取，時中生合兩和諧，化從變體有無理，化父化鬼事難成，化子化神婚可許，金水相傷貴時令，水火尅濟上下擧，大約休尅事無妨，旺刑冲制非爲美，考取年命及類神，害門休劣辨大體。

九、直符之關係

男婚女嫁貴陰合，生旺相資登姻續，螣蛇朱雀是媒婆，勾陳白虎破婚局，地遲天速元詐虛，直符婚娶大機軸。

十、值使之關係

值使從來考破成，方位老少亦同徵，合占無尅誠爲吉，休囚空陷枉勞心。

十一、十干之關係

三奇六儀判陰陽，男女情形別樣妝，奇不入墓儀不擊，正合旁合逐日詳。

十二、九星之關係

九星分類識性情，亦如身命考原因，已過將來論時令，貧富貴賤透玄機。

十三、九宮之關係

起元水局多淫蕩，得吉無刑貞端相，只嫌背與孤虛，勉強成親坎坷狀，起元火局疑虛詐，得吉男才女貌吉，若是背時與刑墓，婚娶不久而生疤，起元木局主和柔，清秀淑人君子流，若值刑墓囚空廢，暗疾殘傷不自由，起元金局兩和諧，得令無冲屏雀開，若把刑冲空廢墓，癡瘦黑肥都帶來。

十四、門戶之關係

門戶吉泰兩相當，門凶戶吉男不昌，戶凶門吉女不利，門戶皆凶男女傷。

十五、三甲之關係

孟甲逢門婚正宜，仲季相依亦共推，最怕囚兼刑尅闔，休廢男女皆超趄。

十六、吉凶格之關係

返首乘龍快壻，跌穴百兩之娘，虎狂龍走男女相傷，天遁人遁齊眉孟光，三詐五假過舍塡房，得使而鸞妝耀日，守戶而女男掌綱，蛇妖而婦女激聒，投江而媒妁不良，伏干飛干多應剛悍，伏宮飛宮彼此狼猖，大格小格鰥寡孤獨，刑格悖格男女暴強，歲月格而公姑不利，時日格而夫妻不長，入熒入白各懷私意，不遇格必有變，刑擊格性狂，入墓羅網定受屈，反伏門迫恐招殃，男女年命乘生合，白髮兒孫滿畫堂。

(十四)論占埋葬

一、值符所屬

「符」—瑩擴龍神結聚，形勢起伏去向。「蛇」—道路羅星對岸去脈。「陰」—穴順起風，右仲昌弓。「合」—向道植樹，左右右弓。「勾白」—護沙內勢拱對外勢右沙。「朱元」—明堂原長水主凶來龍。「地」—穴寫臍跌歇之情。「天」—向尋障照臨之勢。

二、值使所屬

「休」—壬子癸黃泉在辰，忌辰戌日。「生」—丑艮寅黃泉在寅，忌丙寅日時。「傷」—甲卯乙黃泉在申，忌庚申日時，「杜」—辰巽巳黃泉在酉，忌辛酉日時。「景」—丙辛丁黃泉在亥，忌巳亥日。「死」—未坤申黃泉在卯，忌乙亥日時。「驚」—庚酉辛黃泉在巳，忌丁巳日。「開」—戌乾亥黃泉在午，忌丙午日時。

三、十干所屬

「甲」—黃泉衣庫在未，忌寅水向，忌亥流。「乙」—黃泉巽庫在戌，忌辰水向，忌辰流。「丙」—黃泉巽庫在戌，忌午水向，忌寅流。「丁」—黃泉坤庫在丑，忌未水向，忌寅流。「戊」—居坎。「己」—居離。「庚」—黃泉坤庫在丑，忌申水向，忌申流。「辛」—黃泉乾庫在辰，忌戌水向，忌辰流。「壬」—黃泉乾庫在辰，忌亥水向，忌亥流。「癸」—黃泉艮庫在未，忌丑水向，忌巳流。

四、九星所屬

「蓬」—水刑方尖，「任」—土刑曲尖，「衝」—木刑長斜，「輔」—木刑秀麗，「英」—水刑尖虛，「芮」—土刑偏側，「禽」—土刑方正，「杜」—金刑仰缺，「心」—金刑門窩。

五、九宮所屬

「一」－結穴水局，「二」－四維土，「三」－結穴木局，「四」－節申子辰，氣巳酉丑，「五」－節義結穴土局，「六」－節寅午戌，氣亥卯未，「七」－結穴金局，「八」－四庫土，「九」－結穴局。

六、門戶之關係

迎向朝對看天門，擁護過峽看地戶，門貴合天乙天馬，三吉門者吉，戶貴合陰貴，九遁五假者佳。

七、三甲之關係

孟甲看左勢，主龍。仲甲看中勢，主穴。季甲看右勢，主河水。開忌無忌，闔忌隔內外，開闔前後測，全開沙水沒收欄，全闔不化欠利益。

八、干支之關係

日干爲人，時干地，納音所藏山向寄兩干，生合可遷葬，地尅人者不愜意，日納山情時納向，山向無傷堪塋擴，其中有一犯刑傷，酌分改山與遷向，山向未可尅地元，時師點向無眞傳，若尅人死亡者害，勸君另議向，山看化合中間定，龍神化旺須眞，假囚困化氣納音相生合得此，紫衣與腰金，若再符使乘健旺，始終廸吉可安墳。

九、値符之關係

値符占地火勢刑，木火金土水類情，旺相休囚與孤虛，審時考宮可辨明，太陰穴情九地穴，明堂路案考朱蛇，向對屏障九天問，主山砂勢元白陳，用神不犯刑孤尅，得合生合可擴塋。

十、値使之關係

值使分占山與爭，其中轉折多情況，休囚飛旺可立塋，旺飛休廢莫交創，好將飛伏兩參詳，彼此無傷宜山向，所忌煞耀時日逢，端的其中有此狀，更忌此使入此宮，宜速改遷方無忌。

十一、十干之關係

十干查分所主，莫教鬼尅入關欄，尤嫌坐臨忌煞位，此地當年擬廢間，甲乙興隆左脈威制主，須教林木茇，庚辛眠外無驚險，昂首沖空右脈殘，丙丁得令跳峯秀，一有瑕疵口舌關，壬癸得元來脈厚，枯澁休囚後裔難，戊己毬檐胎息地，須要生煞入其間，細查何干孤尅缺，堪斷其方缺廢殘，子父財宮區以別，富貴兒孫一局頒。

十二、九星之關係

大概九星要純粹，脫脫變鬼定衰替，吉報吉星吉更多，凶助凶威凶主畏，只要本星生本塋，飛伏兩宮顧主利，欲查形勢折換形，進退加臨考星義，旺向休囚逐一詳，便知其形成興廢。

十三、九宮之關係

九宮起元論山祖，元局不孤纔可許，若有一局墜旬空，化氣不眞非爲美，卽令全局總無傷，再將本局細參取，起從何宮飛何向，穿田過峽須尋迤，更看歸局應幾辰，詳考變胎可脫禮，倘得節次入生鄉，此是佳城天付與，上局得令左編宜，中元依中下右取，應從節氣別元情，得令失令因由查。

十四、門戶之關係

門戶休囚易得驗，只看陰陽貴人星，陽吉星臨門發早，陰吉星臨戶後興，門吉戶凶門漸替，戶吉門凶先拂情，若見門戶全凶吉，終始如類說前程。

十五、三甲之關係

三甲區分左右中、龍穴砂水定其踪，開闔就裏有微妙，用神得地是仙宮。

十六、吉凶格之關係

反首兮回龍顧祖，跌穴兮蛇入龍窩，虎狂兮須推右水，反跌龍走兮，只怕左脈奔騰，遁格各有取用，地遁得之書非常，假格各有區別，鬼假逢之大吉利。

三詐之格壙當論，深淺三勝之官臨，山城爲妙地得使而氣脈遠佈，守門而拱護森嚴，門四戶切莫刑傷直使與時元日天馬，私門要值六合九天與值符值使，蛇夭矯而穴不情不實，須防道路穿傷，雀投江而案山低卸，還疑元神直流，伏干飛干，此地必有更變，猶恐後日作埸，邊飛宮伏宮，此地必見凶咎，待看蟻屯與風透，大格小格水不朝而反射，刑悖格格砂不合而門傷，熒入白兮醜聲宮非造出，白入熒兮屍廔棺爛遭殃，年月日時逢悖格，龍穴砂水可推詳，五不遇兮人丁不旺，六儀刑兮財帛分張，入墓羅網拱護皆帶刑煞，反伏門迫山向，那得禎祥，符使休囚縱葬而不發，時日刑害雖用而喪亡，兩元納音無刑陷，符使生旺時擧葬之良。

㈤論占禾稻種植

一、值符所屬

「符」—農人禾稼，「蛇」—蝗蛙蝻害，「陰」—籽粒，「合」—禾苗，「勾白」—牛力災殃，「朱元」—穩頭旱蝗棧淺水澇，「地」—田塍堆積收成，「天」—場圃栽插。

二、值使所屬

「休」—水灌漑，「生」—着耕，傷耨耘，「杜」—苗梗，「景」—花節，「死」—秋收籽粒，「驚」—收割，「開」—抽心放葉採穗。

三、十干所屬

「甲」—秧工，牛力人旱稻，「乙」—苗中麥，「丙」—花豆，「丁」—穗麻，「戊」—黍粟棉豆，「己」—稻穀圍梗，「庚」—大麥蟲，「辛」—小麥籽粒未雹，「壬」—漿汁晚稻，「癸」—收實。

四、九星所屬

「蓬」—芒稻粘稻水災，「任」—旱稻旱谷風暴，「輔」—穀粟福神，「禽」—稼墻眞宰，「英」—花穗冲旱焦，「芮」—秀實神，「柱」—蟲瘟枯焦，「心」—籽粒。

五、九宮所屬

「一」—主寂得令，水勢大，中和水漿豐稔，「二」—得令田禾好四維主，「三」—主麻失令防旱荒，中和花秀，「四」—節申子辰，氣巳酉丑，「五」—節五穀總宰氣，「六」—節寅午戌，亥卯未，「七」—主麥失令有尅，防蟲荒無尅收成，「八」—四庫土失令有偏枯，「九」—主禾得令豐熟，失令秀草。

六、門戶所屬

栽揷花秀責天門，耨耘收割責地戶，陽開得令豐收，陰閤失令荒歉。

七、三甲所屬

孟甲宜早穀，仲甲宜中稻，季甲宜晚禾，陽無刑不怕旱，陰闔刑格須慮。

八、干支之關係

日干農人，時干田，日干牛力時籽兼，時生日兮宜佃種，日尅時兮亦許全，反此須防有災變，納音化合考先天，課體之中怕金火，蟲荒焦旱查類銓，土木二象宜取用，水象泛濫更堪嫌，逐頂搜看田種子，失詳時仔細言談。

九、值符之關係

值符六合怕刑傷，飛宮伏宮生旺強，朱蛇元白加臨處，休囚無氣忌猖狂。

十、值使之關係

值使東作與西成，門次條分優劣情，得令逢水無刑格，用神旺相細多能。

十一、十干之關係

秧苗花粒逐干分，四季天時亦繼陳，主幹乘生無刑擊，佐使兼濟穀如雲。

十二、九星之關係

九星五行各分行，吉星得令有收成，用神天星不生合，人力參差齟齬情。

十三、九宮之關係

九宮起元論所屬，旺相生合樹藝熟，時逢刑格與孤虛，反局古來宜種粟。

十四、門戶之關係

四季令星登門戶，無隔無刑穀麥富，門吉戶凶秋實虛，戶吉門凶春作悮。

十五、三甲之關係

三甲查分播種田，何開何闔各爭光，三吉三勝來湊合，如茹如雲奇陌阡。

十六、吉凶格之關係

反首跌穴皆為吉象，如無刑剋與墓空，自然千倉與頃，虎柱龍走原作凶推，若遇震巽風雲，管教險後豐收，地遁人道吉無不利，三詐五假權變合宜，得使而本類皆豐，守門而本屬傷利，三門四戶出作入息，喜恩逢天馬，私門風車水槽怕刑剋，蛇夭嬌而苗不秀，雀投江而秀入倉，伏干飛蝗蟲灾異，伏宮飛宮耕種狼猖，大格小格水灾蟲變，刑格悖格旱魃為殃，年月日時逢悖格，五行消息斷灾祥，熒入白兮夏穀有損，白入熒兮移來須防，五不遇兮徒勞心力，六儀刑兮佃種相妨，入墓與羅網，或因鄰界偏生隙，反伏及門迫，縱雖佃種卻心忙，武侯賦此千金訣，留為佃種細推詳，再查來人行年命，或逢生旺與刑傷，如此會合類神取，判斷佃種驗非常。

第十三章 奇門格局

㈠三奇八門所忌（熟記）

乙至六七自疑難，丙丁臨九不堪觀，柱心至九皆難用，忌驚開門莫前，英景定知愁坎位，伏二八是頭端，死生芮任禽三四，沖傷六七不虛言，杜輔要知同六七，若人會此透天開。

㈡迫宮門歌（熟記）

驚開三四休臨九，杜遷故鄉二八宮，生死排來居第一，景門六七總相同，吉門被迫吉不就，凶門被迫禍重重。

㈢三奇入墓歌（熟記）

三奇入墓百不宜，乙丙臨乾請避之，丁奇乙未臨艮土，諸般動作盡休休。

㈣奇門吉格類（熟記）

天遁者生門與隆合丙奇臨六丁是也，此遁得月華之蔽，宜行兵獻策攝王侯之權，百事生旺，又開門與六丙亦相同，宜祭天神。

地遁者，開門令丁奇臨下地六己是也，此遁得日精之蔽，宜安葬埋伏，出門造屋皆吉。

人遁者，休門與丁奇合太陰是也，此遁得星精之微，宜密探賊營隱跡，謁貴招賢，求親經營求將，對敵盟誓吉，百事和集。

風遁者，乙奇合休開生臨巽是也，臨巽又開丙亦是，此時風從西北方來，名天罡風，宜順風擊賊，以吸風氣噴巽旌旆，或托異香，令士卒沈聽音樂，得靈風順音爽帆之蔽，順風所助，如風從東來，名雷門風，若賊在東方不可與戰，風從東方來，名大門風，如賊在南方，亦不可與戰。

參籌秘書云：「開門乙奇臨巽，宜祭風伯以火攻敵，戰立旌旗以侯風應。

雲遁者，乙合開休生，下臨六辛宮，又乙開臨坤亦是，此遁得雲精之蔽，宜藏形蔽敵如雲氣形，如婦雙手雙足，主三日有喜，所臨處吉，白雲在外，中有黑雲，主有伏兵，形似雁行，主有大將出，所臨處吉，形如坐狗，有奇兵垣伏，雲震片片被風吹斷，主大敗，一云乙休臨坤利求雨澤，建立雲寨，製造軍器以候雲應。

龍遁者，休門與乙奇臨六甲於坎宮，臨六癸亦是，此時宜制龍神，祈求雨澤，掩捕賊人，密計渡河，把守水口，設機伏謀，攻敵料量水面得龍助，又利水戰。

虎遁者，乙奇合辛臨休門於艮宮，又辛儀合生門臨艮亦是，此時宜招安亡命及戰用急攻賊必勝，設伏遊擊藏兵計渡，要害道路量險用謀，得虎之威，一云生門丙可合辛亦是，利守禦，宜建立山寨，以候虎應。

神遁者，丙奇合九天臨生門，此時宜禱神靈行神術，畫地佈籌，萬罡造壇驅邪，命將呼風召雨，及制伏鬼神魔魅，得天靈百神之蔽，一云修塑神像，神靈佑之。

鬼遁者，生門與丁奇九地臨艮，又一奇合九地于杜門亦是，此時宜哨探賊機，偷營刦寨設爲伏，虛驅神役鬼，得鬼神之蔽，一云開門丁奇合九地亦是鬼遁。

(五)三奇貴入陞殿格

乙奇臨震，爲日出扶桑，有祿之鄉，是爲貴人陞於乙卯正殿。

丙奇到離，爲月照端門，火旺之地，是爲貴人陞於丙午正殿。

丁奇臨兌，爲丁見西方天之神位，是爲貴陞於丁酉本殿。

(六)三奇上吉門格

乙丙丁三奇到，而無開休生三吉門者不可用，如三吉門到而無三奇到，尚可用，經云：「背生向死，百戰百勝。」總之三奇吉星吉門俱到，又不犯格，方爲萬全，若事在危急，諸星不到，須用背生向死之法，如敵勢尚緩，候三奇三吉門俱到，斯爲全美也。

(七)三奇專使格

甲己日乙奇。丙辛日丙奇，乙庚日丁奇。丁壬日乙奇。戊癸日丁奇。

按：以上皆吉，陰陽二遁同。

(八)玉女守門格

甲乙時在丙，乙庚時在辛，丙辛時在乙，丁壬時在巳，戊癸時在亥。又云，兌宮有丁辛者吉。

㈨交泰格

乙奇加丁，乙奇加丙，遇之大吉。

㈩天運昌氣格

六丁加六乙者是也。

㈩一三奇利合格

六丁加六甲，六甲謂之符頭。

㈩二天顯時格

甲己日甲戌，乙庚日甲申，丙辛日甲午，丁壬日甲辰，戊癸日甲寅。行兵戰鬪，上官參謁求財遠行皆吉，有罪者皆逢宥釋，甲己日得甲子己巳時亦是。

㈩三青龍回首格

天盤六戊，加地盤六丙者是也。

㈣飛鳥跌穴格

丙加戊，雀含花甲，丙加乙。

㈤三奇得使格

乙加午戌二宮，丙加子申二宮。丁加寅辰等是也。

㈥凶格類

悖格：丙加值符，值符加丙，及丙加歲月日時之上，俱爲悖格，主湁政紀綱紊亂，丙加丙亦爲悖，主見亂臣賊子。

天網天張格：歌曰：「天網四張走無路，一二網低有通路。」如壬戌年九月癸未日癸丑時，陰六局，休門與值符加時干癸於坎宮，日時二干俱加離宮，是爲網高九尺，又云：「天網四張不可當，此時月事有災殃，若是有人強出者，立便身眠血見光。」

地網遮格：六壬加時干六癸，二網俱不宜出兵，出行大凶。

高格：卽天網四張，天上六癸加五六七八九宮，大凶不可用。

低格：天盤六癸加一二三四宮，卽匍匐而出，經曰：「天網四張百物自傷，此時不舉，百事空亡，又神有高下必須知」。

伏宮格：天盤六庚加值符，及地盤戊，主客俱不利，戰鬬兩傷。

飛宮格：值符加六庚，主客俱凶。
時墓格：丙戌墓乾，壬辰墓巽，辛丑墓艮，乙未墓坤，戊戌墓乾。
迫制和儀格：門尅宮為迫，宮尅門為制，門生宮為裡，宮生門為義。
二龍相比格：六甲加六乙丙是。
青龍受困格：六甲加六戊危。
火披水地：丙丁入乙，萬事莫舉。
火臨金位：丙丁加乾兌宮。
木入金鄉：乙奇臨六七宮。萬事不吉。（六七宮卽乾兌）
金劈木林：庚辛臨震巽宮。
木來尅土：乙奇臨坤艮宮。
伏干格：庚加日午。
飛干格：日干加庚。
伏星格：本星伏本宮。
反吟格：星臨對宮。
奇墓格：乙奇坤，丙奇臨乾，丁奇臨艮。
六儀擊刑格：甲子戊值符加三宮，甲戌己值符加二宮，甲申庚加八宮，甲午辛加九宮，甲辰壬加四宮，甲辰癸值符加四宮。
六儀受制格：休加離傷，杜加坤艮，景加乾兌，生死加坎，開驚加震巽。

五不遇時格：時干尅日干。
地網占葬格：天盤任加地盤任。
歲格：庚臨歲干。
月格：庚臨月干。
日格：庚臨日干。
時格：庚臨時干。（卽庚年、庚月、庚日、庚時也）
大格：庚臨六癸。
小格：庚臨六壬。
刑格：庚加六己。
悖格：丙加時干。
青龍逃走，乙加辛。白虎猖狂，辛加乙。螣蛇夭矯，癸加丁。朱雀投江，丁加癸。熒惑入太白，丙加寅。太白入熒惑，庚加丙。

㈦十二宮神所屬

子在寶劍青齊位，丑居磨蝎越楊州，寅中人馬幽燕地，卯位天蝎宋豫求，辰爲雙女楚荊地邱，午周三河屬獅子，未居巨蟹秦雍留，申爲魏益陰陽位，酉趙翼州方爲金，戌星白羊魯徐郡，亥爲雙魚衞並收。

(十八) 二十八宿過宮訣

氐二度過卯，尾三度過寅，四度過丑，女二度過子，十三度過亥，奎二度過戌，昂四度過酉，畢七度過申，井九度過未，柳四度過午，張十五度過巳，軫十五度過辰。

周天共計三百六十五度，二十五分五十秒分布。十二宮，每宮計三十度四十二分七十九秒。

(十九) 支神十二宮分野

子：午元枵十六度，虛九度，女十五度，齊、青州、梓州。

丑：星紀，午金牛七度，斗水獬二十三度，吳、淮南東路、泗水、楊州、盧州、兩浙、福建。

寅：析水、箕水豹九度、尾火虎十八度、燕、幽州、夔州、河北河西。

卯：大火、心月狐六度、房日兎五度、氐土貉十六度、宋京畿、豫州、楚國濟陰。

辰：壽星、亢金龍九度、角蛟十二度，鄭龍慶府、兗州、東西路、泰山陳留、山陰。

巳：鶉尾、軫水蚓十八度半、翼火蛇二十度十秒、楚荊、湖南北路、荊州、廣東廣西路。

午：鶉火、張月鹿十八度、星日馬七度、柳、獐十四度、周、京西南路、三河關西。

未：鶉首、鬼金羊二度半、井木羽三十度、秦雍州、陝西、永興軍、秦風路、四州。

申：實沈、參水猿九度、觜火猴半度、晉河北東路、代州成都、孟州。

酉：大梁、畢十六度、昂七度、胃十七度、趙冀州、河北東西路、眞定。

戌：降婁、婁金狗十二度、狼十七半度、魯、徐州、北路。

亥：聚訾、壁九度、室十七度、危十七度、衞、荊州、太原、河東路。

河圖

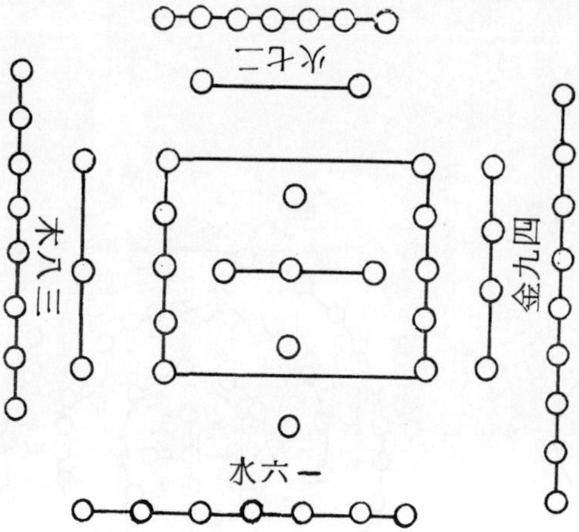

洛書

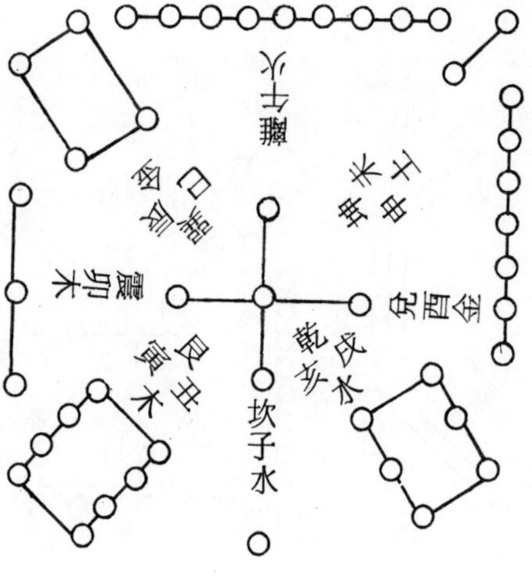

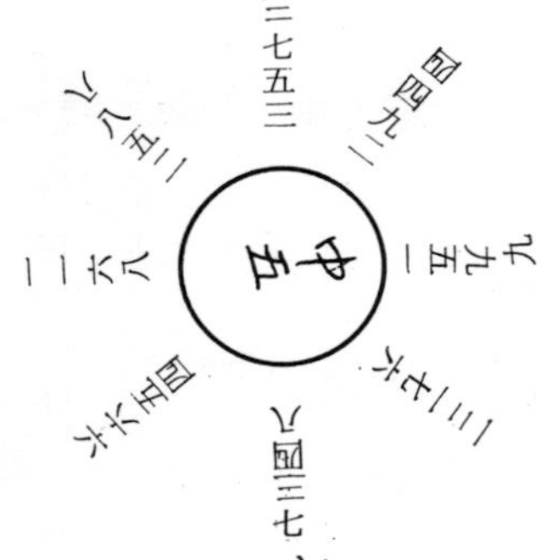

靈龜十五數之圖

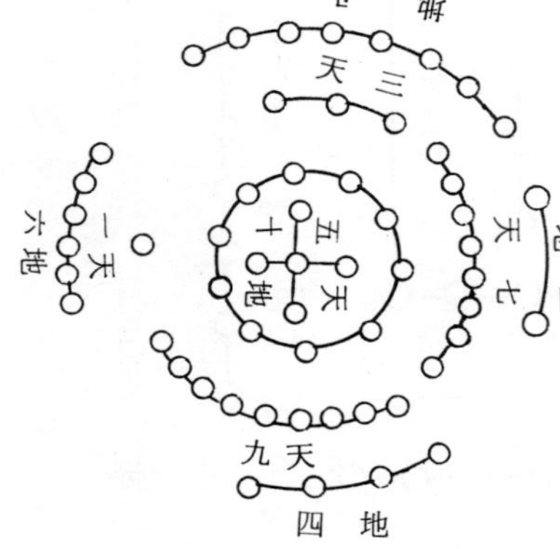

河圖

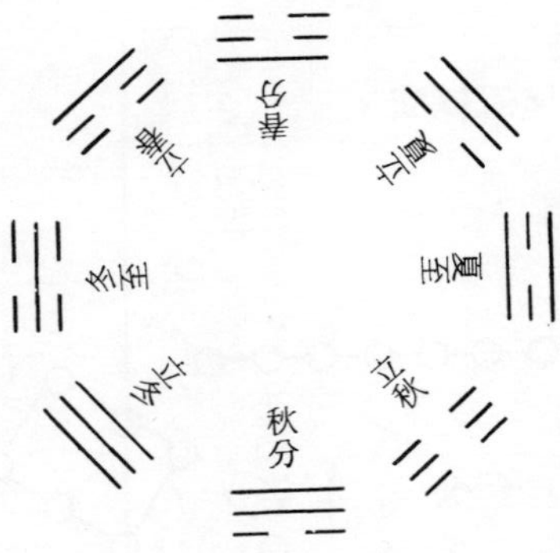

八卦八節圖

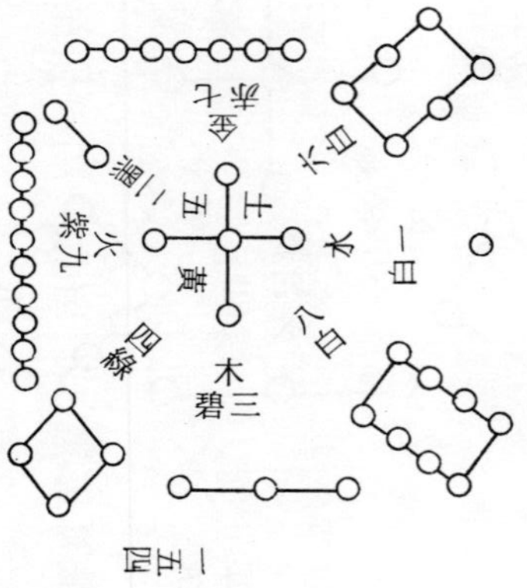

洛書

天三門之圖

地四戶之圖

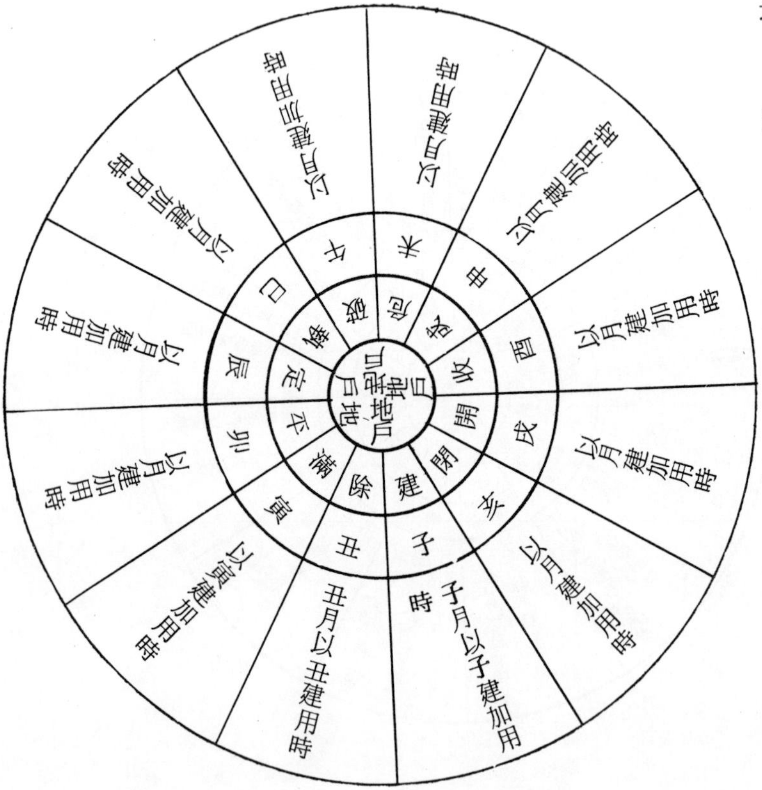
建
除
滿
平
定
執
破
危
成
收
開
閉
子
丑
寅
卯
辰
巳
午
未
申
酉
戌
亥
子月以子建加用時
丑月以丑建用時
以寅建加用時
以月建加用時
以月建加用時

地私門陽貴人順佈之圖

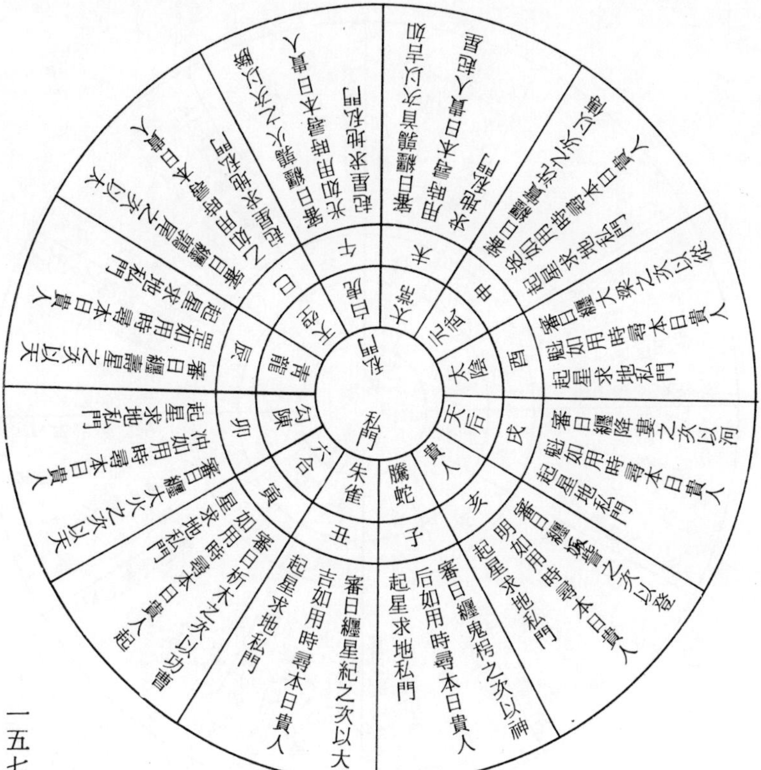

子
丑
寅
卯
辰
貴人
騰蛇
朱雀
六合
勾陳
青龍
天后
審日纏鬼宿之次以神后如用時尋本日貴人起星求地私門
審日纏星紀之次以大吉如用時尋本日貴人起星求地私門
審日析木之次以功曹如用時尋本日貴人起星求地私門
審日纏大火之次以天沖如用時尋本日貴人起星求地私門
審日纏壽星之次以天罡如用時尋本日貴人起星求地私門

地私門陰貴人逆行之圖

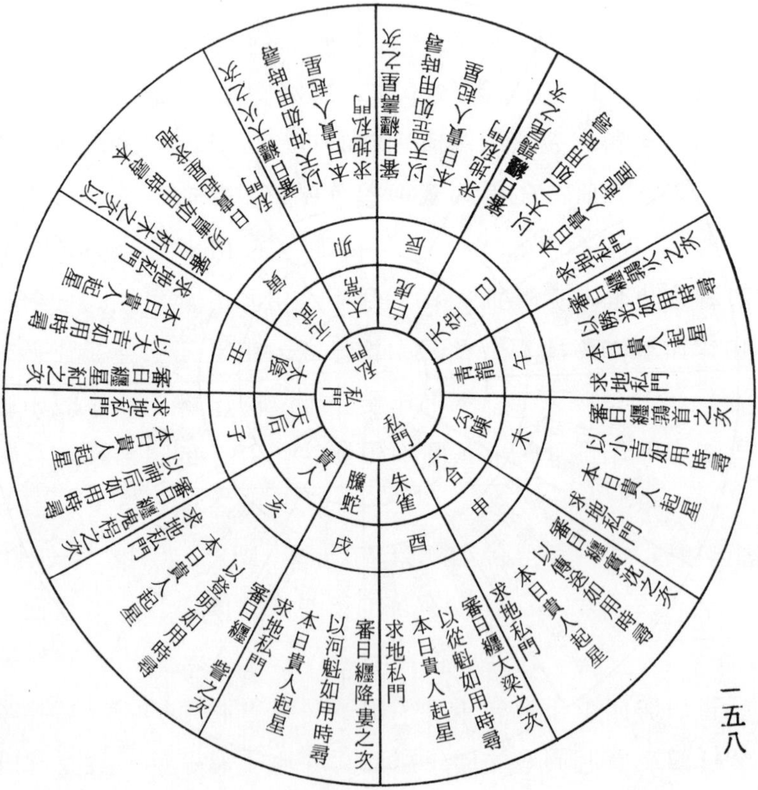

私門
午 未 申 酉 戌 亥 子 丑 寅 卯 辰 巳
貴人 螣蛇 朱雀 六合 勾陳 青龍 天后 太陰 玄武
審日纏大梁之次 以從魁如用時尋 本日貴人起星 求地私門
審日纏降婁之次 以河魁如用時尋 本日貴人起星 求地私門
以登明如用時尋 本日貴人起星 求地私門
審日纏玄枵之次 以神后如用時尋 本日貴人起星 求地私門

㈩太冲天馬方吉時定局

要審太陽過宮方可選用

正月登明將（寅）太衝天馬方

子時在辰，丑時在巳，寅時在午，卯時在未，辰時在申，巳時在酉，午時在戌，未時在亥，申時在子，酉時在丑，戌時在寅，亥時在卯。

二月河魁將（戌）太衝天馬方，子時在巳，丑時午，寅時未，卯時申，辰時酉，巳時戌，午時亥，未時子，子時丑，丑時寅，寅時卯，卯時辰。

三月從魁將（酉）太衝天馬方，子時在辰，丑時巳，寅時午，卯時未，辰時申，巳時酉，午時戌，未時亥，申時子，酉時丑，戌時寅，亥時卯。

四月傳送將（申）太冲天馬方，子時在未，丑時申，寅時酉，卯時亥，辰時戌，巳時子，午時丑，未時寅，申時卯，酉時辰，戌時巳，亥時午。

五月小吉將（未）太冲天馬方，子時在申，丑時酉，寅時戌，卯時亥，辰時子，巳時丑，午時寅，未時卯，申時辰，酉時巳，戌時午，亥時未。

六月勝光將（午）太衝天馬方，子時在酉，丑時戌，寅時亥，卯時子，辰時丑，巳時寅，午時卯，未時辰，申時巳，酉時午，戌時未，亥時申。

七月太乙將（巳）太衝天馬方，子時在戌，丑時亥，寅時子，卯時丑，辰時寅，巳時卯，午時辰，未時巳，申時午，酉時未，戌時申，亥時酉。

八月天罡將（辰）太衝天馬方，子時在亥，丑時在子，寅時在丑，卯時寅，辰時卯，巳時辰，午時巳，未時午，申時未，酉時申，戌時酉，亥時戌。

九月太衝（卯）天馬方，子時在子，丑時在丑，寅時在寅，卯時在卯，辰時在辰，巳時在巳，午時在午，未時在未，申時在申，酉時在酉，戌時在戌，亥時在亥。

十月功曹將（寅）天馬，子時在丑，丑時在寅，寅時在卯，卯時辰，辰時巳，巳時午，午時未，未時申，申時酉，酉時戌，戌時亥，亥時子。

十一月大吉將（丑）天馬方，子時在寅，丑時在卯，寅時在辰，卯時巳，巳時午，午時未，未時申，申時酉，酉時戌，戌時亥，亥時子。

十二月神后將（子）天馬方，子時在卯，丑時在辰，寅時巳，卯時午，辰時未，巳時申，午時酉，未時戌，申時亥，酉時子，戌時丑，亥時寅。

以上總論太陽過宮天三門，地四戶，地私門，太衝天馬方同例。

第十四章 貴人天地將篇

陰陽貴人旦貴暮貴之圖

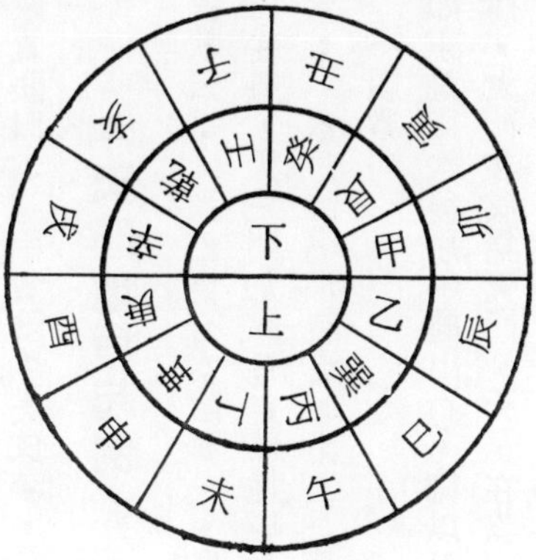

貴用上一字卽內盤之乙甲巽丙丁坤庚六時暮貴，用丁一字，卽內盤之辛乾壬癸艮坤。

(一)陰陽貴人起例

六時貴神所到之宮，自亥至辰爲陽支，宜順行，自巳至戌爲陰支，宜逆行，二盤當合推用，但要分別以知甲在卯宮，用暮貴，巽在巳宮用旦貴。

例一：如正月雨水後，太陽躔訾之次，月將在亥，則以亥加用時之上以分，且暮其陰陽，又視貴神所到之宮，詳其陽支而順行，陰支宜逆行以求三辰所在之位。

例二：如甲日用卯時屬下之一字，用暮貴定爲陽貴，則以亥加卯宮，順行陽貴未在亥，亥爲陽交加貴神，順行六合在寅，太常在未，太陰在酉。

例三：如甲日用午時屬上之一字，用旦貴定爲陰貴，則以亥加午，順行陰貴丑在申，申爲陰支，加貴神逆行，太陰在戌，太常在子，六合在巳，餘倣此。

安陽貴訣曰：「庚戌見午，甲在羊乙猴己鼠丙雞方，丁亥癸蛇壬是兎。六辛逢虎貴爲陽。」

安陰貴訣曰：「甲貴陰牛庚戌羊，乙陰在鼠己猴鄉，丙雞丁猪辛遇馬，壬蛇癸兎是陰方。」

(二)天門地戶起例

入式歌云：「天乙會合女陰私」，所謂天乙會合女陰私者，要在三奇臨六儀，與三奇吉門合太衝小吉從魁，天三門加除危定開地四戶，是謂福食，遠行出入皆吉。

歌云：「本月將名加時支，十二月將順數去，大冲小吉與魁，三方避禍天門是，便以月將加時支。」（順數）

例如正月雨水後用午時出行，則以登明（亥）加於午宮，登明在午，神后在未，大吉在申，功曹在酉，太冲在戌爲天門，天罡在亥，太乙在子，勝光在丑，小吉在寅爲天門，傳送在卯，從魁在辰爲天門，河魁在巳。

以太陽過宮方要選用，例如去年大寒後某日時刻，日躔元鶉之次，太陽在子，以神后出將加用時世格，但知登明爲正月將，却不雨水後某日時刻日纏聚訾之次，太陽始遇亥宮，然後可用登明將，以次輪去，如遇從魁小吉太沖，即是天三門，倘得本日貴神到乾亥，就是貴登天門大吉。

㈢天月將（即太陽）

正月在亥，二月戌，三月酉，四月申，五月未，六月午，七月巳，八月辰，九月卯，十月亥，十一月子，十二月丑。

㈣地月將（即是月建）

正月寅，二月卯，三月辰，四月巳，五月午，六月未，七月申，八月酉，九月戌，十月亥，十一月子，十二月丑。

㈤天氣將

正月雨水壬，二月春分乾，三月谷雨辛，四月小滿庚，五月夏至坤，六月大署丁，七月處丙，八月秋分巽，九月霜降乙，十月立冬甲，十一月冬至艮，十二月大寒癸。

㈥地氣將

正月立春子，二月驚蟄亥，三月清明戌，四月立夏酉，五月芒種甲，六月小署未，七月立秋中，八月白露巳，九月寒露辰，十月立冬卯，十一月大雪寅，十二月小寒丑。

㈦天符經

正月聚訾亥，二月降婁戌，三月太梁酉，四月寔沈申，五月鶉首未，六月鶉火午，七月鶉尾巳，八月壽星辰，九月大火卯，十月析木寅，十一月星紀丑，十二月元枵子。

㈧十二地支神與將

「子」將神后，神、天后，「丑」將，大吉，神天乙。「寅」將，功曹，神青龍，「卯」將，元神，（卽太冲）神，六合。「辰」將，天罡、神、勾陳。「巳」將，太乙，神，騰蛇，「午」將，勝光、神　朱雀，「未」將，小吉、神，太常。「申」將，傳送，神，白虎。「酉」將，從魁，神，太陰，「戌」將從魁、神、天空。「亥」將，登明、神、元武。

歌云：「用神支上加月建，建除滿平一順流，定執破危相接去，收成開閉掌中週，除定危開爲四戸，此方有難可逃避。」其法以月建加用時順數，如寅月寅時，於寅上起建卯爲除，午爲定，酉爲危，子爲開，三奇臨之大吉，若得休生開三吉門更佳。餘倣此推。

如九月戌建，用巳時，則以戌加巳上，建在巳，除在午，午爲地戸，滿在未，平在申，定在酉，酉爲地戸，執在戌，破在亥，危在子，子爲地戸，成在丑，收在寅，開在卯，卯爲地戸，閉在辰，子午卯酉四宮爲地四戸俱吉。

㈨地私門起例

以天月將（卽太陽宮）加用時，看貴所迫何宮，卽於貴神上起貴人，騰蛇、朱雀、六合、勾陳、青龍、天空、白虎、太常、元武、太陰、天后。順逆而行，陽貴神出於先天之神，子上起甲子，順佈乙癸在丑，寅與乙合，戌與亥合，取干德爲貴神，故庚戊二干，陽貴在丑，巳午在未，甲與己合，故甲午陽貴神在未也，自亥至辰爲陽貴順流，自巳至戌爲陰貴逆行，若得太陰太常六合之神，與奇門同臨其方，百事大吉，陽時宜擊，陰時宜閃，陽先舉，陰後應，凡欲擊者謂破而擊之，閃者密而去之，其敗軍宜向六合下走得出也。

以六合太陰太常三辰，依圖推看，何方日干自子至巳爲陽，用陽貴神，自午至亥爲陰，用陰貴神。

例如丁亥日，亥爲陽日，訣云：「丙丁猪雞位」，則亥猪爲陽日貴神，須將貴神加亥上順數去，却看六合太陰太常在何處，卽是地私門，只是論日不論時，但必須得奇門方可用。

又例，審太陽過宮，以月將加用時，尋本占貴神起星，求地私門。譬如正月亥加甲日辰時，卽以亥加辰順數去尋本日陽貴未到子，陽貴順行，則螣蛇在丑，朱雀在寅，六合在卯，爲地私門、勾陳在辰，青龍在巳，天空在午，白虎在未，太常在申爲地私門，玄武在酉，太陰在戌爲地私門，天后在亥，如用陰貴，亦以亥加辰，陰貴丑到午逆行，則螣蛇在巳，朱雀在辰，六合在卯爲地私門，勾陳在寅，青龍在丑，天空在子，白虎在亥，太常在戌爲地私門，元武在酉，太陰在申爲地私門，天后在未，餘皆倣此。

第十五章　三奇八門尅應之喜忌

㈠三奇尅應

乙奇到開問吏通，經休同牛馬扛木人，乙生丙鼠咬，孝生出門應候老婦人。

丙奇到開有雷聲，老鼠執杖使威風，休門鼓樂五十里，生逢患眼相鬥爭。

丁遇開執竹杖物，休歸皂白二十里遇捕獵人，須帶犬，奇門合處皆應驗。

㈡三奇會生休開三吉門斷例吉

乙爲日奇，會生門宜上官赴任，應舉嫁娶破土立劵安葬，見兩鼠或孝服人有吉，百鳥風雲微雨車馬來應，主子孫富貴。會休門，見牛馬或打木人來應。會開門逢客人公吏，穿紅衣者至。

丙爲月奇，會生門見眼疾人或逢爭鬥事應。會休門宜上官赴任應舉嫁娶，破土立劵竪柱上梁，五十里內外聞鼓聲或軍器樂器烏鳥白鶴來應，主子孫富貴。會開門主見老翁執杖等物，或聞哭聲應。

丁爲星奇，會生開遇捕獵人或鷹犬應，會休門二十里見白虎皂衣人或婦女應，會開門宜上官赴任嫁娶竪柱上樑入宅，見大車小車白雲蓋幕，或小兒手執杖物等應，主子孫富貴。

㈢三奇合局格斷例

乙奇遇青龍返首，丙奇東南是跌穴，丁奇西方貴陞壇，回首喜悅百事遂，跌穴顯灼事成就，龍逃身遭百凶，虎狂財虛耗，辛相逢盜染官訟。

㈣三奇會符使之應驗

乙奇會天輔生門，主乙庚日時雷電現，二鳥來應大利。丙奇會天芮休門，主甲己日時鶴鳥至，二人乘馬來應大吉，丁奇會天英開門，主戊癸日時烏鳥白頂雷鳴來應大吉，天盤星尅地盤星，在四時旺相日，有本方五色雲起，在其方助客客勝。地盤星尅天盤星，在四時旺相日時有五色雲氣在其方助主主勝，五色雲氣合從本方東青、西白、中黃、北赤。

㈤八門之應驗

休門二十里貴陰人衣着藍黃及白青。

生門十里逢公吏人着皀衣紫紳。

傷門三十里公訟起，囚人着皀血光生。

杜門二十里男女輩絹皀在裙相從打。

驚門三十里鴉鵲噪官司相連，六畜驚。

開門二十里陽人至，貴人乘馬紫衣襟。

景門二十里驚憂至，赤衣人兒會客賓。
死門二十里逢疾病黃皂衣甲俱遭迍。

㈥十干之應驗

訣云：「來時六甲出門去，金貴玉堂逢貴人。」
若乘六乙出門行，禿頭公史宜終身執持弓弩人騎射，蓋爲時乘六丙行，州官縣宰相逢者，出門行時正六丁，若逢戊己出行去，兩個婦人身着青。
若乘庚辛壬最惡，大凶無吉有災迍，六癸出門陰騎射，多遇山林隱逸人。

㈦八神之應驗

值符主長者貴人公吏錢物爲應。
螣蛇主官司牽連，羅網推風送雨及驚恐怪異爲應。
太陰主賢人及夫婦陰私之事爲應。
六合主華彩車書酒食筵會婚姻爲應。
白虎主醫巫死喪穢氣錢物爲應。
元常主驚怪盜賊及雲雨爲應。
九地主女人衣服稻豆埋葬走獸爲應。
九天主文書印信槍棒火焚占天飛鳥爲應。

第十六章　三奇與八宮之喜忌

㈠三奇到乾宮之吉凶

六乙到乾，名曰玉兎入天門吉，天衝天輔加乾宮，（即六宮）在季夏秋月，或庚辛申酉日，有白色氣來助主勝，又名玉兎入林。

六丙到乾，名爲天成天權凶，有白雲氣從西北或西北方來助主勝，天英加六宮，在夏月有赤色雲氣來助客勝，一名光明不全。

六丁到乾，名爲火天門吉，丙丁巳午日有赤色雲氣，從正南方來助客勝。一名玉女遊天門，又名火照天門。

㈡三奇到坎宮之吉凶

六乙到坎，名爲玉兎投泉吉，天英加一宮在秋冬月，或壬癸亥子日，有黑色雲氣從治北方來勅主勝，一名玉兎飲泉。

六丙到坎，名爲丙火燒壬吉主勝，天任天禽天芮加一宮在四季月，或辰或丑未日，一名火投水池。

六丁到坎，名曰朱雀投江中吉，有黃色雲氣從東北或西南方來助客勝。

㈢三奇到艮宮之吉凶

六乙到艮，名爲玉兎步貴宮，天蓬臨八宮在四季月，或戊己辰戌丑未日，有黃色雲氣來助主勝。

六丙到艮，名爲鳳入丹山吉，有黃色雲氣從東北，或西南方來助主勝，天輔天沖加八宮，（卽艮）在冬春月。

六丁到艮，名爲玉女乘雲吉，甲乙寅卯日有青色雲氣，從正東或東南方來助客勝，又名玉女遊鬼門。

㈣三奇到震宮之吉凶

六乙到震，名爲日出扶桑吉，天任天禽天芮臨三宮在冬夏月，或甲乙寅卯日，有青雲來助主勝，卽貴人陞乙卯正殿。

六丙到震，名日月入雷門吉，有雲氣從正東或東南方來助主勝，天柱天任加三宮在季秋月（天柱疑誤）。

六丁到震，名曰最明吉，庚辛申酉日，有白雲氣從正西或西北方來助客勝。

㈤三奇到巽宮吉凶

六乙到巽，名曰玉兎乘風吉，天任天禽天芮臨四宮，在冬春月，或甲乙寅卯日，有青色雲氣來助主勝。

六丙到巽，名曰火行風起，又為龍神助威吉，東南方神旺主勝，天心天柱加巽宮在季夏秋月。

六丁到巽月名曰美女留神吉，或庚辛申酉日，有白色雲氣，從正西或西北來助客勝。

㈥三奇到離宮吉凶

六乙到離，名曰玉兎當陽吉，天柱天心加九宮在春夏月，或丙丁巳午日有赤色雲氣來助主勝。

六丙到離，名曰月照端門吉，有雲氣從正南方來助主勝，天蓬加九宮在秋月，或壬癸日，即貴人陞丙午正殿。

六丁到離，名曰乘龍萬里，壬癸子丑日有黑雲從正北方來助客勝。

㈦三奇到坤宮之吉凶

六乙到坤，名曰玉兎入坤中吉，天蓬臨二宮在四季月，或戊巳辰戌丑未日，有黃色雲氣從北方來助主勝，又名玉兎暗日。

六丙到坤，名曰子居母舍吉，雲氣從西南方來助主勝。天輔天衝加二宮在冬春月或甲日吉。

六丁到坤，名為玉女遊地吉，甲乙寅卯日有青色雲氣從正東或東南方來助客勝大吉，又名玉女遊地戶吉。

㈧三奇到兌宮之吉凶

六乙到兌，名爲玉女受制平平，天衝天輔加七宮，在季夏秋月，或庚辛申酉日，有白色雲氣來助主勝，一名白兔遊宮吉。

六丙到兌，名鳳凰折翅凶，白雲氣從正西或西北方來助主勝，天英加七宮，在春夏月及丙日客勝。

六丁到兌平平，丙丁巳午日有赤雲氣從南方來助客勝，一云丁見兌爲天乙貴人，卽爲貴人陞於丁酉正殿大吉。

第十七章 遁甲主客之利弊（先至爲主後至爲客）

㈠遁甲利主

天英加坎宮利爲壬，如在秋冬月及壬癸亥子日，有黑色雲從正北方來助主大勝。

天任天禽加震巽利爲主，如春夏月，及甲乙寅卯日，有青色雲氣從東南方來助主大勝。

天蓬加坤艮利爲主，如在四季月及戊己辰戌丑未日，有黃色雲氣，從東北或西南方來助，主大勝。

㈡遁甲利客

天蓬加九宮利爲客，如在秋冬月，壬癸亥子日，有黑色雲氣從北方來助客勝。

天心天柱加三四宮利爲客，如在三秋四季月，庚辛申酉日有白色雲從西方來助客勝。

天任天禽天芮加二宮利爲客，如在四季月，戊己辰戌丑未日，有黃色雲從西南或正南方來助者，客大勝。

天輔天衝加二八宮利爲客，如在冬春月，甲乙寅卯日有青色雲氣，自東方或東南方來助，客大勝。

天英加六七宮利爲客，如在春夏月丙丁巳午日，有赤色雲氣從南方來助，客大勝。

第十八章　九星值時尅應之吉凶

此節論以時爲用者，九星管事之尅應。

㈠九星值子時之尅應

天蓬星：值子時入宅凶，赴任安營詞訟生，雞鳴犬吠鳥鬪林，北方鵬爭缺脣人，六十日內雞生卵，退財時至公必勝。

天芮星：值子時身旺興，作用之時走禽驚，坤方火光二人應，嫁娶猪犬傷人訟，六十日內女自縊，秋冬進財羽音珍。

天衝星：值子時，有風雨禽噪鐘鳴，造葬後六十日內怪物入，周年田產數倍收，更防新婦產後死，虎狼口內可得財。

天輔星：值子時若返吟，天中有物夜中鳴，西方紅白人應叫，造葬後來六十日得進商音人產物，野猿入屋甑鳴時，加官進爵生貴子，若得門奇並到來，十二年中天旺矣。

天禽星：值子時，孕婦至，紫衣人來，造葬後六十日雞犬啣花儒人餽物，武得官，田土財穀進益，旺二十年後人丁遷。

天心星：值子時人爭鬥，西北鼓聲鬧喧喧，用後百日赤人媒商人，古器畫仙家生白雞，十二年田蚕大旺。

天柱星：值子時，起大風，火從東至，缺唇人用後六十日內，蛇犬傷人，逢刀刄殺人，血光財破散，幼女遭殃必定臨。

天任星：值子時，東風雨水畔雞鳴爲驗，應巽方人來持刀鎗，造葬百日，新婦離，三牙髮人木姓至，由賴退產男女淫。

天英星：值子時，乾鑼聲三五，人持火把焚斧鉞，伐木缺唇人用後破家，三年中血光自刎傷人，物小兒至湯火坑中。

㈡九星值丑時之尅應

天蓬星：值丑時，雷電生樹倒傷人，被風雨七日，雞生鵝子卵，犬至屋，上下口傾，三年後有白頭牙商進屋旺十年。

天芮星：值丑時，西北地方金鼓至，此造葬後七日龜出林，六十日內盜賊起，退財口舌官非至，大姑娘屢索粧奩禮。

天衝星：值丑時，雲霧昏，小兒成隊來上門，婦女執木至此，應烏猫白子拾古鏡，週年僧道進田契，發財，生得貴子聰明。

天輔星：值丑時，東方犬吠，有人持刀來戰打，後白兎野雞入，六十日內，僧道餽送羽音，巽來信契歸，週年添丁加品。

天禽星：值丑時，孝婦來，手執錫器爲埋葬，小兒吹笛笑拍手鼓鬧後，進賭博財獲得寶，諳年後拾得賊財發富，興旺從此來。

天心星：值丑時作用，南方火光跛足人來，五日內有猫成雙過，四十日內遠物至，商音進書並財帛，官場更出有壽人。

天柱星：值丑時，匠人北來携斧斤，樹上財生得金花爲後應，造葬六十日進財，羽音金器，三年後火光如洗，人弄蛇。

天任星：值丑時，青衣婦人送酒至，又有跛足人聲，半載後進無名財，周年鸚武入屋來，口舌得財，三年後猫狗相咬請舉。

天英星：值丑時，東北來師巫鳴鑼至，此塞用後一月火燒周年有聲作人言，怪事多端，須移住方安，不然定是死亡連。

㈢九星值寅時之尅應

天蓬星：值寅時，青衣童子持樹枝，北方僧人包頭巾，女人穿着衫裙臨賊面，蛇咬馬傷人，三年財署買田地。

天芮星：值寅時，瘦孕婦簑衣臨門，樂音器奇門旺相，六十日水牛入星進血財，加官進爵，子孫宿臨，時午在刻栽。

天衝星：值寅時貴，乘轎童子執金銀器物到，二十日進角音契，羽音作牙畜玩人六十，母雞啼主死陰千人，福祿財凶。

天輔星：值寅時，見公吏執缺藝携物至，六十日內猫咬雞有賊送財報恩義，赤面作牙羽音，十二年發，生貴子。

天禽星：值寅時，玉犬吠，金雞亂鳴，人秋笠用後，六十日便有喜，宮商進契添人丁，田蚕大旺享富貴，宿旺立時有應驗。

天心星：值寅時，白鷺到，金鼓四鳴，水鏡曉女穿黃赤携籃過，小口火焰六十交，百日窖金商羽物，三年生貴子得財。

天柱星：值寅時，北方喧鬧，僧道持蓋雷雨到，喜得鐘鳴以後，六十日內賊牽連生訟，破財事己可，女人墮胎產中亡。

天任星：值寅時，女家隊火把前行，童子拍轎馬西北來，葬後六十日內甑鳴墜婦死，百日進畜財田旺，唇缺爭婚姻。

天英星：值寅時，東方軍馬捕獵，網魚手執至，用後女人拾得財，六十日內有暗喜，寡婦送到田地契，百日雷打屋卽敗。

(四)九星值卯時之尅應

天蓬星：值卯時，黃雲起，婦人烹飫把火至，七口角音相邀請，半月徵音送財禮，六十女人進寶物，百日窖中多見喜。

天芮衝二星：值卯時，婦人穿紅送財物，貴人馬至犬爭吠，水牛作聲，這葬後六十日進東絕屋，三年婦胎墜血死。

天輔星：值卯時，女執傘又有師巫吹苗聲，用後六十添人丁，必有怪氣，大門庭女室私通得財，各進田納契有寶珍。

天禽星：值卯時，東風起，群鶴四叫，分憂喜，懷孕婦人從此過，半天猫狗白來拾得園內寶窖來，百事逢之皆有理。

天心星：值卯時，跛脚婦人相打期，犬吠鼓噪比東轎，七月發旺財，三年有牛來大旺，因軍物得人來請。

天柱星：值卯時，有疫婦執刄至，此防賊欺，僧道持盖，女人罵，六十有火起，時母雞晝鳴，犬上屋，周歲疫病死絕氣。

天任星：值卯時，喜鵲噪，扶杖老人至此道，七日人進古氣物，六十日內六畜寶，女人獲眞是發，加官進祿百日好。

天英星：值卯時，束馬來捕捉賊人至此栽，網魚三五前邊過，女人行路因得財，六十日進寡婦物，百日雷火屋上裏。

(五)九星值辰時之尅應

天蓬芮星：值辰時，東北樹倒打人迷，鼓響女穿紅衣至，鳥鵲遠樹賊刼財，六十日有風人到，後生貴子大發財。

天衝星：值辰時，鯉魚上樹白虎出，山僧成群用後拾得金銀物，家中大發百事成，七旬因主折傷災，一女一男退回靈。

天輔星：值辰時，羊犬相賣油人遇賣菓米，白衣童子哭家去，孕婦至此問產期，造後大發財穀旺，一年雙生貴孫兒。

天禽星：值辰時，師巫爭，東方鷗鵲鳴是爲應，鵲鶴必定喜臨屋，造葬七九之日內，自有道士僧人來，並及絕戶產物至。

天心星：值辰時，東北乾起雲，青衣人至，手攜魚，女人同行及僧道，六十幷中氣如雲，出來三日生貴子，及第聯登甚有意。

天柱星：值辰時，人扛樹，男子持鼓有引，老婦人携鋤，後六十烏猫白子雞雙生，北方人進寡婦財，紅面人說音物。

天任星：值辰時，老人臨，弟兄相會小不留，禽噪犬吠黃衣過，古器男子獲的眞，開店人家童手拍，六十日內家畜訟。

天英星：值辰時，乾方來雨，雞飛上樹，是赤尾女人穿紅携籃錯，用後七日怪氣寓，六十日內進血財，火光遙臨處，誠有喜。

㈥九星值巳時尅應

天蓬星：值巳時，見老人女人執酒宴忘，雄白舌皆因水上起，百日得火，有黃金，周年武職加官祿，猪遇必然見蛇形。

天芮星：值巳時，孕婦至，妓巫爲樂着黃衣，烏鵝成群北來過，六十日內見寡婦猫兒咬雞，眞堪怪，牛入草房力可異。

天衝星：值巳時，牛爭鬥羊亂行，時女相併，南方禽喧因坤程，六十日內蛇咬雞，牛入屋，中女送契，田財發，犬生花兒子。

天輔星：值巳時，人相打，女人抱布有風起，小兒喊叫爭家冷，六十日內進震方財。鬼神運糧大發達，竹木器物盡置來。

天禽星：值巳時，鵝鳴至，雁成隊，師巫術人相打罵，貴人騎馬慌忙過，七十日中婦打魔，合生貴子成家業，三年田蠶發苗禾。

天心星：值巳時，女穿青把得小兒，龜上樹，紫衣騎馬，半月後四方進的畜財屬跛人，作牙商音產，三年寡婦成空服。

天柱星：值巳時，黑牛過，鐘鳴猪走入山林，二十日進商音物，六十日女下水池，周年猫捕白鼠至，大發富貴何待時。

天任星：值巳時，兩犬爭，野人負薪至，此程吏役待盞，童子拍手，六十日獲公門財，南方人送鯉魚至，異路顯達貴子排。

天英星：值巳時，婦人穿紅，婚姻事體口舌起，花馬過後，六十日拾得獵財血光榮，徵音人進文書至，信炮一聲滿天烘。

(七)九星值午時之尅應

天蓬星：值午時，婦女青衣，有人持刀上南山，童子東北有嘆聲，六旬犬作人言怪，赤面瘋人家主死，三年內有古窖財。

天芮星：值午時，缺唇人身著白衣牽黃牛，孕婦過後六十日貓兒咬人，因賣屋橫財獲的進田地，後姜奩財多上璧。

天輔星：值午時，僧持蓋，女人穿紅家中來，石火光發至，後六十日貴人進，西方金銀人送至周年寡婦將物來。

天禽星：值午時，女人白衣狗啣花枝鬪山雞，風雨徐徐從東來，六旬犬吠至東北，人財一年內雞生白卵田苗旺發。

天心星：值午時，驟雨來蛇過路去，女紅裙携酒送武士杯，六十日中釜鳴，白跛足人送生氣，五年進金田庄財。

天柱星：值午時，鴉飛鳴西來，騎馬就有雲，五月孕婦病喪泣，六十日水中尋，神物古器眞是寶，小口傷時在一旬。

天任星：值午時，來師尼，西北黃禽，君子行四十日進貴人寶，紫衣入宅生貴子，孕婦童子來借馬，人還虎皮穿黃青。

天英星：值午時，婚姻南採獵漁人，執弓弦用，後六十日中，因事被木傷人，火光炎，自縊落水，是公子乘馬必定爲女娘。

(八)九星值未時之尅應

天蓬星：值未時，童子過，牽的牛兒是兩個，鷺飛鵝禽北方來，女人穿紅還是青，十六日內逢賊刼，破顏惹氣至官災。

天芮星：值未時，捕獵應白衣道人携茶瓶，七日烏鴉遶屋噪，赤面鬚人三牙靈，鬪爭周年動瘟疫，火燒屋敗又傷人。

天衝星：值未時，乾鼓響，小兒着孝衣，馬成行，西北人叫或爭鬪，用後六十日防惡人持木尅寡母，白羊入屋六畜旺。

天輔星：值未時，群犬吠，乞丐携着破衣服，衆僧道人同議會，西北有人爭屋厨，百日內進文書契，商音人送金銀餘。

天禽星：值未時，老人來，跌足人擔花果來，青衣人携酒至，葬後六十日內，裁羽音人送雞畜物，鐵器原是宰肉開。

天心星：值未時，霧雨來，男子着黃女衣，人來携酒必定邀尊長，六十日中亦金鳴，跛足騎馬或坐車，金銅双器爲田程。

天柱星：值未時，遇瘦婦僧道同行求安否，東北人馬持旗蓋，用後百日有怪怕，新媳狐狸纏身邊，生鐵那火叩頭面。

天任星：值未時，白鶴禽鳥飛自西南至，北來風雨鼓聲閙，用後七日家僮張，六九家生白氣異，應得六畜大旺財。

天英星：值未時，孕婦遇西北古聲來，相賀送葬之後，六十日家主落水，怎耐何，周年瘟疫身體敗，馬肥還得母草多。

㈨九星值申時之尅應

天蓬星：值申時，人取水傘笠避雨，必有趨西方小兒打水過，擂叫喊笑聲去，一十日雞窠蛇傷人，妻淫自縊訟事惡。

天芮星：值中時，東來涼傘道人，青苙身長驅牛鬪傷人，犬咬毒，百羽音進物排，周年水牛入屋中，鵬鳥人家染病懷。

天衝星：值中時，南方騎馬白衣人，吏卒人持刄相殺，百二十日女作媒，絕戶田產來進納，寡婦被賊刼不容。

天輔星：值中時，腫脚人携酒至此請醫，婦儒釋道人穿色衣，西北鼓聲女財發，半年蛇從井中出，平白人迷牛羊答。

天禽星：值中時，飛鳥鴉師巫持符，百日內，女人自拾珠翠歸，周年新婦旨有位，生得貴子旺田蠶，誠恐家賊自刼退。

天心星：值中時，僧道來，金鼓四鳴百鳥噪，紅裙女人送酒來，寡婦坐堂入寶窖，老人持杖馬啣環，軍人在家推病好。

天柱星：值中時，水鷹鴿掠禽墜地，青衣女人携籃至，用後百日火光起，家敗人亡白衣物，尅尅體生是游情。

天任星：值中時，風雨來，三牙鬚人打鼓至，僧道穿黃應時候，七日軍至黃犬來，女人火燒湯潑水車碾，百禽啣穀排。

天英星：值中時，懷孕婦人大哭啼，西方金鼓聲鳴響，僧道持苙浪喘瘟火臨，金時門爭戰，六十日內有進金。

㈩九星值酉時之尅應

天蓬星：值酉時，赤馬過西方，輪輿群鴉噪，用後百日生貴子，僧道作牙商音，三年內雞生雙子，猫養白兒試及第。

天芮星：值酉時，西方黃馬車轎傘𦶜婦，必寡鬢人相聞，犬吠人羽音進產生誠雅，周年牛必入屋中，鳥鵬來家復得疾。

天衝天輔星：值酉時，遠方人送文書至，東方狐狸咬叫聲，婦人拿火把來吹用後，周年生貴子，拾得橫財大發期。

天禽星：值酉時，西方火起，人家相打大叫理，鼓聲遶噪驚鳥飛，造後週歲有貴子，必窖財進門庭，喜鵲檐前報露雨。

天心星：值酉時，尼僧來，火起從坤必定排，北方鐘鼓鳴，聲閙驟，叫官員駝寶財，藝人送到遠信至，七日商音娶女釵。

天柱星：值酉時，白鷹扑鴿明是欺，青衣之人取鐵器，因火喪家女守孤，七十日有商音進，夫婦和諧遠路移。

天任星：值酉時，犬上門，童子拍手笑，黃狐院中，幼女歡喜娛，六十日中生貴兒，白雞地起婦傾酒，遠路必定遇碑石。

天英星：值酉時，火入金，西方有人宅相爭，鴉鳴喧呼暴碑過，白衣女人懷孕臨，事後一旬小口母折足，百日爭得財。

(十一) 九星值戌時之尅應

天蓬星：值戌時，老人持杖入側，西北露雨至此下，三牙鬚人擔蘿至，白犬過後，一旬內拾得軍器有橫財。

天芮星：值戌時，黃牛來，孕婦東方持傘回，惡犬家中出傷人，周年宮音送十財，百禽飛過，車入到糞中拋出女金釵。

天沖、輔星：值戌時，西方來了三五人，手執火把尋失物，師巫三牙鬚人逢雞上樹啼，遠處人有信音，周年小口被牛損。

天禽星：值戌時，東北應鐘聲，鐃鈸響叮咚，青衣童子携籃過，一旬之內白龜臨，就得寡田地發，有携福到門。

天心星：值戌時，南方大叫賊驚疑，小兒騎牛至此過，百日家中生貴子，金雞鳴，玉犬吠，二年之後請得舉。

天柱星：值戌時，女抱布，北方樹倒人打故，西有鼓聲因葬事，六十日內蛇入宅咬人，皆是白色毒，逢年瘟疫死未絕。

天任星：值戌時，小童來時家爭訟，因失時犬噪發凶喪戶過，飛禽色黃尼姑來，貴人財旺一百日，紫衣之人來有財。

天英星：值戌時，西方女人執白布，火光此賊赤馬嶽死，買到遭訟非，一旬之內瘟病卽，野雞紅翅主退財。

(十三) 九星值亥時之尅應

天蓬星：值亥時，童子成群，女子着孝服，後因投賊得橫財，三年內出道人，遇術人求財積成家，義猪被鵰啣肉遇。

天芮星：值亥時，走禽驚，秋冬吉時客主宅，春夏不用因尅洩，坤方火起二人還，猫犬傷人孕婦動，女人自縊一自悲。

天沖輔星：值亥時，跌足青衣人卽至，東北人家火光起，百日猫兒捉白鼠，商音人進田契，妻財大發扶其主。

天禽星：值亥時，發西風，乾地婦人有哭聲，樹倒折屋大叫起，六十日進鐵匠財，商音人說僧人產，喜鵲報到家信來。

天心星：值亥時，雞夜鳴，又主無故，犬狂吠，老人頭戴皮帽子，手執鐵器必然貴，七日不知異人至，借宿遺財天賜的。

天柱星：值亥時，西磬聲，山下有人持火焚叫呼喧天，造作後，救火得財大發榮，百日恐有雞作怪，人死雙雙拜古坟。

天任星：值亥時，小兒過悔苔之下笑呵呵，西方鑼鼓喧喧鬧，鐵器手空中傷多白日憂，福至家僕一人，土墊水渠橋。

天英星：值亥時，女人來，手執火把出大街，百日內有癩人至，鐘命要與投井壞，北方樹倒傷人屋，星爲客兮宮主斷。

第十九章　用兵行軍作戰篇

㈠斗柄所指

天罡指巳天地門，以月將加時尋天罡，至巳為天地初開，出軍行師任徘徊，用兵大勝為開地。指午坐帳宜彈琴，（指午為天地縱橫，不宜出軍，坐帳彈琴言）。指未小通亦可裁，（天地小通，出軍亦吉），指申迫爭若須忌，（天地小通之時，用兵須忌）。指酉人馬受驚駭，（天地閉塞之時，車傷馬死，戰大凶），返來戌土指乖隔，（出軍主士卒乖隔傷和），加亥天窄不稱懷，（用軍主損傷驚恐），指子半路魂魄散，（行至半路，魂魄不安），指丑途宿待明來，（為小通出軍三十里，待來朝任意行，必大勝），臨寅有喜勝獲勝，（行者有喜戰必大勝），到卯閉塞宜藏埋，（為天地閉塞只可安營下寨不可妄動），掌上兵機仔細排。

㈡占行軍時迷路法

三路迷心時，天罡隨於孟仲兩歧惑，應日辰左右以規謀，路逢三叉未知何道吉，以正時占天罡加孟左道通，加季右道通，加仲中道通，北下出軍大捷，所求必遂，若逢兩歧路，日干吉者左道通、辰爻吉者右道通，如七月申時占，以巳將加天盤，申上起順數辰時，天罡在地盤未上，未為季道通左，餘倣此，（子午卯酉為四仲，寅申巳亥為四孟，辰戌丑未為四季。）

㈢密訪賊之情況

欲得賊消息，天耳聽之，（大小吉），要訪急密事，地耳不須疑，（天冲從魁也。）

㈣占渡河

天有三河壬子癸，地有三井酉辰戌，月將三時看三河，一河臨井必覆舟。又曰：「天衡加日辰主風雨，神后加季急渡則吉。」

㈤占刦糧覓水

我軍欲刦糧，大小吉下訪，軍旗欲求水，小吉天衡訪，（小吉天衡爲井泉之神，地下見之可得。）

㈥占敵使虛實

敵有使來看日辰，日上爲客辰主人，（辰卽時也），日干上辰尅辰上（日尅時），其言虛謬不可信，若是辰日尅日上，彼必畏我言詞眞，朱雀空太陰日辰上，（乘日上主彼詐，乘辰上主我詐。）

㈦占突圍

或被兵圍不要忙，加時出路是天罡，太公曰：「兵圍千里，斗道必通。」斗者天罡也，以月將時尋天罡其下一定可出，若天罡方無路可出，當尋三官時，三官者，亥子丑也。

若值絳官申酉地，以月將加時，若亥爲月將臨子午卯酉爲絳官，宜向天盤上申酉下出。

明堂時往太衝方，子臨子午卯酉爲明堂，宜向天盤卯方出。

玉堂直哭天魁下，丑臨子午卯酉爲玉堂，宜向戌方出，利若鋒芒八極張，逢豪強之賊勢不可當，向天罡可出，此爲八極將也。

日辰上將相生吉，傷不傷覗陰陽，若日辰與上將相生者吉，相尅如今有損傷，日辰與上將相尅，又制日辰者，必有損傷，用兵者，宜審愼之。

(八)占察賊所在

聞賊未知賊所在，加時春乙夏居丁，（乙干寄辰，丁干寄未）秋辛冬癸名天目，（辛干寄戌，癸干寄丑），賊當在下伏其形，以目將加時，覗天目之方，賊在其下，天目者春辰夏戌秋戌冬丑，春占尋辰，餘倣此。

(九)占抽軍避寇

「賊勢平凌我未強。」途逢賊兵他強我弱，「抽軍回避看天罡。」以月將加時看天罡落在何宮，以避其強盜。「擊孟直須從右隱。」辰爲天罡，如加寅申巳亥四孟神，宜從右道而避之，「仲季還宜向左藏。」子午卯酉爲四仲，辰戌丑未爲四季，天罡如此向左藏之，無咎。「從魁小吉太衝地。」酉爲從魁，未爲小吉，卯爲太衝，此三神爲天三門，再得除危門定，是天門地戶庇佑。「天土加臨爲好方。」以月加時看天盤卯酉未落何宮，可以避難，如遇旺方，不可往，春不東去，餘倣此。大吉神后紫房華蓋，能藏萬物卽行無害。（大吉爲紫房，神后爲華蓋，凡有急難避藏其下，人不能掩藏也。」

排──乾　兌　艮　離

山‧　中五　　一坎、二坤、三震、四巽、五中、六乾、七兌、八艮、九離。

掌──巽　震　坤　坎

紅嘴朱雀丈二長，眼似銅鈴火耀光，等閑無事傷人命，千里飛來會過江，但從震宮起甲子，巽宮甲戌順行裝，甲申中位甲午乾，甲辰甲寅兌艮尋，行到中宮莫遶火，乾宮一位莫安床，兌上占之莫修井。艮宮莫作僧道堂，離大門君莫犯，坎宮水溝大難當，坤宮嫁娶損宅長，震宮修厨新婦亡，巽宮一位管山野，十人犯着九人殃。

例如甲子震宮數起乙丑日，至巽忌山野，丙寅日數至中忌遷宅，丁卯日數至乾忌安床，戊辰日數至兌忌修井，餘倣此類推。

第二十章　吉凶神煞篇

㈠鬼谷子九仙數

河圖甲己子午九、乙庚丑未八當頭，丙辛壬申七數眞，丁壬卯酉六相親，戊癸辰戌五爲坎，己亥原來數當四，其法日則干支並用，時則止用支不用干，如甲子日未時，干支相配合，得二十六數，乃是大吉仙，蓋甲得九數，己亦九數，未得八數。共二十六是，餘倣此。

㈡吉僊凶神合數

十三數日光仙吉，十四數日天仙吉，十五數月光仙吉，十六數金玉仙吉，十七數滅門仙吉，十八數德天仙吉，十九數天凶神凶，二十數天凶神凶，二十一數癸國仙吉，二十二數地載神吉，二十三數喪門神吉，二十四數逆神仙吉，二十五數大善仙吉，二十六數大吉仙吉，二十七數吊客神凶。

以上屬吉神者，宜上官出行移居起屋修營，百事大吉，屬凶神者，則反是，不宜妄動，以保平安。

㈢天赦吉日

春季戊寅日、夏季甲午日、秋季戊申日、冬季甲子日、遇開日是眞天赦，如五月甲午日，十一月甲子日因値月建，故不以赦論。

㈣四順吉日

逢日宜行，成日宜離，寅日宜往，卯日宜歸。

㈤天德合

正月壬，二月巳，三月丁，四月丙，五月寅，六月己，七月戊，八月亥，九月辛，十月卯，十一月甲，十二月巳。

㈥月德合

正月辛，二月己，三月丁，四月乙，五月辛，六月己，七月丁，八月乙，九月辛，十月己，十一月丁，十二月乙。

㈦天成日

正月未，二月酉，三月亥，四月丑，五月辛，六月巳，七月未，八月酉，九月亥，十月丑，十一月卯，十二月巳。

㈧天貴日

春甲乙日，夏丙丁日，秋庚辛日，冬壬癸日。

㈨天喜日

正月戌，二月亥，三月子，四月丑，五月寅，六月卯，七月辰，八月巳，九月午，十月未，十一月申，十二月酉。

㈩天富日

正月辰，二月巳，三月午，四月未，五月申，六月酉，七月戌，八月亥，九月子，十月丑，十一月寅，十二月卯。

⑾紅紗日

正四七十月巳日，二五八十一月酉日，三六九十二月午日。

⑿黃沙日

正四七十月午日，二五八十一月寅日，三六九十二月子日。

㈩三 四逆日

甲不行，酉不離。七不往，八不歸。

㈩四 往亡日

正月寅，二月巳，三月申，四月亥，五月卯，六月午，七月酉，八月子，九月辰，十月未，十一月戌，十二月丑。忌出軍出行上官赴任，嫁娶進人口求醫療病。

㈩五 天翻地覆時

正月巳亥二時，二月辰戌二時，三月寅申二時，四月巳未二時，五月巳酉二時，六月子午二時，七月酉亥二時，八月辰戌二時，九月卯酉二時，十月辰午二時，十一月寅未二時，十二月巳卯二時。

㈩六 重喪日

正七連庚申，二月乙辛當，五月十一月丁癸，四月十月丙壬妨，辰戌丑未月，戊己是重喪。

㈩七 十惡大敗日

甲己年，三月戊戌日，七月癸亥日，十月丙申日，十一月丁亥日。

乙庚年，四月壬申日，九月乙巳日。
丙辛年，三月辛巳日，九月庚辰日，十月甲辰日。
戊癸年，六月己亥日。（當作己丑日）
丁壬年無忌。

㈩堂房神煞

上元四孟月初一日從堂房逐日順數。
順陽，金堂，戝盜，金庫，寶倉，堂房。
堂房吉，金庫凶，金堂吉，順陽吉，戝盜凶，寶倉吉，天盜凶，天門吉，天堂吉，天財吉，天賊吉，天陽吉，天侯凶，天倉吉。
中元四仲月初一日從天盜逐日順數。
天堂、天財、天門、天賊、天盜、天陽、天倉、天侯。
下元四季月初一日從朱雀逐日順數
青龍頭，青龍脇，元武，青龍足，白虎足，朱雀，白虎脇，白虎頭。
朱雀南山，白虎脇吉，白虎頭凶，白虎足凶，元武凶，青龍頭吉，青龍脇吉，青龍足凶。
上元將軍所管四孟月出行吉凶，（即正四七十月）。
堂房日：出行神道不在宅中，求神稱意，好人相逢大吉。
金庫日：出行車馬不成大吉，失路，路逢盜賊，求財不得大吉。

金堂日：出行吉利，通詞訟有理，財稱意大吉。
順陽日：出行去處通達，詞訟有理，不逢盜賊，求財遂意，好人相逢，出遇酒食大吉。
賊盜日：出行不利，所求不遂，必主人亡，枷鑽臨身，不宜用。
寶倉日：出行大人見喜，百事通達，求財遂意，衣錦還鄉，用之大吉。
中元四仲月：（即二、五、八、十一月）出行吉凶。
天盜日：出行求財不成，口舌臨身大凶。
天門日：出行所求皆遂，萬事如意，貴人接引大吉。
天堂日：出行求財，得財，好人相逢凡事俱吉。
天財日：出行財利如意，諸事廸吉，凡事貴人助力。
天賊日：求財失落，官非無理，諸事不成大凶。
天陽日：所求得財，婚姻和合，萬般稱心大吉。
天候日：吉少凶多，有口舌血光之災不可用。
天倉日：所求得財，出行見喜大吉大利。
下元四季月出行吉凶，（即三、六、九、十二月，辰戌丑未月）。
朱雀日：出行多主失財，見官無理大凶。
白虎頭日：出行求財不遂大凶。
白虎脇日：出行求財遂心，無往不利大吉。
白虎足日：出行求財不利，不宜遠行，作事不成，不宜用。

元武日：出行主有口舌，凡事不遂，不可用。

青龍頭日：出行利於求財，卯時出行吉。

青龍脇日：求財遂心，凡事稱意大吉。

青龍足日：求財不遂，官非失理凶。

伏斷忌出軍出行上官嫁娶修船竪柱上樑。

「子」虛，「丑」斗，「寅」室，「卯」女，「辰」箕，「巳」房，「午」角，「未」張，「申」鬼，「酉」觜，「戌」胃，「亥」畢。

㈩九 逐月出行吉凶方

正月大從寅，月小從申，二月大從子，月小從卯，三月大從酉，月小從辰，四月大從巳，月小從亥，五月大從午，月小從子，六月大從未，月小從丑，七月大從寅，月小從申，八月大從午，月小從卯，九月大從卯，月小從辰，十月大從子，月小從巳，十一月大從午，月小從申，十二月大從未，月小從戌。

以上三十天爲大月，二十九天爲小月，又怕天地人三殺日，卽壬戌，庚申，亥巳三日，庚辛壬爲七殺，癸卯爲截路空亡，出行大凶。

㈡十 黃黑道日時起例

凡子午月日，由上起青龍，所謂子午從申是也，丑未月日戌上起青龍，卽丑未戌上尋是也，寅申月日子上起青龍，卽寅申居子位是也，卯酉月日寅上起青龍，卽卯酉却加寅是也。辰戌月日辰上起青龍，卽辰戌龍位上是也。巳亥月日，午上起青龍，卽所謂巳亥午中行是也。

例如庚戌寅月，子上起道字，數至戌遇還字，是黃道日，又戌上辰上起道字，巳上遇遠字，申酉遇通達二字，亥上遇遙字，寅上遇遠字。辰巳申酉亥六時，皆是黃道時也。餘倣此類推。

「青龍明堂及天刑朱雀，金匱天德神，白虎玉堂天牢黑，元武司命及勾陳。」

其順序爲：青龍，明堂，金匱，天德，玉堂，司命爲黃道，天刑，朱雀，白虎，天牢，元武，勾陳爲黑道。

歌曰：「道遠幾時通達，路遙何日還鄉。」

(二十一)定黃黑道二日

正七起子，二八寅，三九原來却在辰，四十須知午上起，五月十一月並居申，六十二月起於戌，黃祥黑道凶。

(二十二)三德日方

陽德方：子日丙，丑日丙，寅日丙，卯日庚，辰日庚，巳日庚，午日壬，未日壬，申日壬，戌亥日甲。

陰日方：子丑日乙，寅日庚，卯辰日丁，巳日壬，午未日辛，申日甲，酉戌日癸，亥日丙。

人德方：子日庚，丑日辛，寅日乾，卯日壬，辰日癸，巳日艮，午日甲，未日乙，申日巽，酉日丙，戌日丁，亥日坤。

三德日，凡爲百事遠行，見上官貴人，諸方事出陰德方，入陽德方，從人德方去，若避難免禍，出陽德方，從人德方去，縱遇凶險皆變爲吉。

(二十三) 喜神方

甲己寅卯喜，乙庚辰戌強，丙辛申酉上，戊癸巳亥艮，丁壬午未向，此是喜神方。

例如甲己日，寅卯二方，乃喜之所在也，餘倣此，凡出行賭錢宜向之。

(二十四) 六甲青龍起例

甲子旬子上起青龍，甲戌旬戌上起青龍，甲申旬申上起青龍之類。

巳 地戶	午 天獄	未 天庭	申 天牢
辰 天門			酉 天歲
卯 太陰			戌 陽孤
寅 明星	丑 蓬星	子 青龍	亥 陰虛

行軍安營之法

乾甲離壬寅午戌，艮丙辛上是貪狼，坤乙坎癸申子辰，坤壬乙上是貪狼，巽辛兌丁巳酉丑，乾申庚上是貪狼，艮丙震庚亥卯未，巽艮丁上是貪狼。

六甲起青龍，大將居之，六乙爲蓬星，旗鼓居之，六丙爲明堂，次將居之。

六丁爲太陰，出入私路，探聽軍情脫身隱匿。

六戊爲天門，又爲軍門出事出入。

六己爲地戶，伏兵凶事，出入躲藏。

六庚爲天獄，宜積糧草。

六辛爲天庭，判斷斬決。

六癸爲華蓋，又爲天藏，若欲脫難入太陰出天藏而去，安營壘而有慶，攻擊敵以無乖。

三元經曰：「夫將兵四出，統衆安營，必取其法，以六甲爲首，十時一易。」眞卓曰：「以歲月旬而爲，或依歲月，或取六甲旬首而推排之。」

大將居青龍（甲），旗鼓居蓬星（乙），士卒居明堂（丙），伏兵居太陰（丁），軍門居天門（戊），小將居地戶（巳），斬伐居天獄（庚），判斷居天庭（辛），囚擊粮儲居天牢（壬），天藏居華蓋（癸）。

忌陰府：乾甲兌丁丑忌乙庚。坤乙坎癸申辰忌丙辛。離寅壬戌忌丁壬。震艮亥未忌戊癸。巽辛艮丙忌甲己。

㈡㈤二十八宿陰晴風雨日

軫角陰來往返晴，亢宿吹沙起大風，氐房心尾風聲起，箕斗雲霧雨濛濛，每見奎火天日晴，胃婁雨聲陰凍凍，昴畢原來又轉晴，遇觜參井大風起，鬼日天陰晚後晴，柳星值日雲霧暗，張翼日色却烘烘。

㈡㈥每月凶星

天上凶星不自由，正七在閉二八收，三九逢危，四十執，五與十一月向平流，方與十二月除中見，拜職求官萬事休。

㈡㈦太陽出沒時辰訣

正九月出乙入庚方，二八月出卯入酉，三七月癸甲入辛地，四六月出寅入戌，五月生艮歸乾正，十一月出巽入坤方，惟有十與十二月，出辰入坤位。

㈡㈧定寅時訣

正月七月，五更四點徹，二月八月五更二點歇，三七月平光是寅時，四六月日出寅無別，五月日高三丈地，十月十二四更二，仲冬纔到四更初，此是寅時須切記。

(二十九) 孤虛法

黃石公曰，背孤擊虛，一女可敵十人，古法十人用時孤百人，用日孤千人，用月孤萬人，用年孤與時孤最驗。

其法甲子旬孤在戌亥，虛在辰巳，甲戌旬孤在申酉，虛在寅卯之類，餘倣此推，旺氣十倍，相氣五倍，休氣如數，囚氣減少，死氣減半也。

(三十) 陟險爲安法

經曰：九山河水際深大爲絕，過山朦朧爲天牢。」過絕人者爲天羅，蒹葭者衆草也，演者池也，險者疾也，高下有水之處，天井者坑下也，翳薈者，屏蔽之處也，此地情形，兵不得轉移者，賊從利方上來，仰視天時，如陽時令士卒皆袒前在后鳴鐘鼓而先擊之，若陰時令士卒皆啣枚駐車立馬，桴鼓靜以待之，倘賊人四面圍迫，分軍馬爲三部，一部居月建，上一部居 月德上，（一云日月德上），一部居生神上，（卽每月建，逢開是生神，時冲逢死氣），月德正從未順行，日德從亥逆數，時德辰亥子丑逢，申酉戌巳午未寅，十二卯上勝。（一云大將居亭亭上，引兵擊之大勝，生神者，一作生門）

(三十一) 亭亭白奸起例

玉璋云：「亭亭者，天乙貴人也。」背之而擊其衝，其法以月將加時神后下是，歌曰：「常從此地擊其衝。」

例如正月雨水節，太陽過宮之後，乃用登明天月將，將，卽太陽也，如午時用事，卽以亥將加午上，子加未上是爲亭亭，在未宜背之，背之者，或坐其上而擊對衝也。

又一法以子日在巳、丑日在未，順行十二宮。

白奸者，天之奸人也，合于巳亥，格於寅申，當合之時，宜背之，當格之時，背亭亭，向白奸，其法以月將加寅時，午戌三宮見，寅申巳亥四孟神卽是白奸所在。

如正月雨水節，太陽過亥宮，或午時用事，以登明亥將加午上，以亥臨午，卽爲白奸在午之數。

寅申巳亥爲四孟神，如以寅午戌日，白奸在亥，亥卯未日，白奸在寅，申子辰日，白奸在巳，巳酉丑日，白奸在申。

亭亭方：巳日子，午日丑，未日寅，申日卯，酉日辰，戌日巳，亥日午，子日未，丑日申，寅日酉，卯日戌，辰日亥。

白奸方：巳日巳，午日申，未日亥，申日寅，酉日巳，戌日申，亥日亥，子日寅，丑日巳，寅日申，卯日亥，辰日寅。

㈢㈡ 八門斷事簡要訣

要求市價出生方，捉須經死路強，欲問遠行開路去，休門最好謁君王，索債傷門多稱意，杜門有事可潛藏，捕捉驚門宜詞訟，獻策酒食出景鄉。

見貴參官須用開，求財見利奔休來，避難求官生上去，傷門索債可相催，尋人覓故須逢景，
釣魚獵射死門開，擒賊捕盜死門好，杜門走失不能回。

第二十一章　前賢妙論篇

(一)總法天機（前篇）

凡布演奇門，先觀天象，後察細微，總在我一心之作用，不可不知也，如天盤九星奇儀八門屬金，加于地盤諸星上木，是金水爲客來傷，主戰利爲客，行兵先擧放炮吶喊，士卒精強，百戰百勝，凡求謀請謁交易等事，破敗驚憂，客舍暗昧，遭逢盜賊小人，惟行人卽至，若金旺木衰，甚凶尤甚，如天盤金星在衰墓死絕之時，加于木，無氣之金，不能尅木，若木在生旺之時，則木星爲吉。如木亦衰墓絕之時，而凶終不能免矣，如天盤木星加於地盤火星，是爲木能生火，戰利爲主，謀爲一切等事皆知心意，如有重木臨生旺之宮，謂之貪生之木，壓火無光，火漸自滅，若木臨退氣之宮，或木少多火，加木生火，大利主兵，如天盤土，加於地盤金，是客來生主，若是土旺，或有重土，雖曰生金，而不免土多金埋，必有暗兵埋伏，或英雄失志，或忠烈受屈，如天盤木，加地盤金，乃主傷其客，宜偃旂息鼓禁聲而敵大勝，凡有謀爲，事多破敵，有始無終，惟求名顯達，官事得失，出行吉利，如天盤金加地盤土，乃主生客，宜耀武揚威，精兵唱凱，客兵大勝，凡事謀爲始終皆耗費，勞力得後得安妥。

(二)主客論

太公曰，凡主客動靜不定，變化莫測，故主客不動之象，或以先動爲客，後動爲主，或以動爲客，靜爲主，或以先聲爲客，或以天盤爲客，地盤爲主，諸事總有用訣，成敗勝負，皆貴乎主以賓之緊要也，如出兵動衆，以我爲客，至彼地爲主，或賊巢及賊所侵之城郭爲主，或以陽爲客，陰爲主，或反客爲主，反主爲客，若選將求賢，招兵買馬干謁訪友之類，是爲客，彼爲主，如有人來求我，或通之我，而我未知，是彼爲客我爲主，如在對陣，或不在此對敵，再又分主客也。或此時交鋒，若利客宜先耀武揚威，放炮吶喊，若利主，惟宜偃旂息鼓禁聲而敵，埋伏取勝也。

凡發兵，須看賊巢遠近，如發兵時交戰，或不動時交鋒，不可以先動爲客，待臨敵取主客，到時而用之可也，如此時主客不利，祇宜固守，倘若急迫，或被圍困，宜以計勝，或運籌，或量敵，或乘天馬，或書符念咒等類亦可。如國事、都、省、府、縣、鄉事、家宅、官訟、坟墓、求謀、名利、婚姻、行人、失脫、逃走、捕捉等，即以天盤爲主人，地盤爲客人，事是多，不能細述，大抵天盤諸星，生合地盤爲上，地盤生合天盤次之，如客生主爲稱意，美滿進益多端，主生客爲耗散遲延，主客皆和，行藏皆遂，主尅客，乃半寔半虛，自敗虛花，事爲不果，客尅主，則戰敗無成，求吉招凶，故善用奇門者，先分主客，然後再明占法，如此時利主，我即爲主，此時利客，我即爲客，或以進爲客，不進爲主，在我一心，不可執一，爲客爲主，任我可也。（所謂操之在我是也）。

(三)作用妙法（後篇）

妙用之法，全在年月日時四天宮，詳臨九宮，合爲吉凶等格，則知聖君賢臣孝子慈孫，父母妻妾奴婢戚鄰，諸事成敗可推詳，年干爲君爲父母，月干爲臣宰，爲伯叔、日干爲兄弟朋友，時干爲妻妾子女士卒奴婢，如天盤年干合吉格，門生宮，或上下相合者，主國泰民安，君臣父子福壽康寧，若年干合凶格，或被沖尅，主四海兵戈，身心不寧，骨肉刑傷，災厄憂驚，若月干得天盤相生，或合吉格，有忠烈士輔國安民，加官封爵，萬事稱心，若合凶格，又被尅制，有奸臣專權休官罷職，六親參商，貧苦奔波，若日干得天盤八門生合吉格，主兄弟和睦，貴喜臨門，身安友助，求謀遂心，若日干被尅合凶格，主兄弟刑傷，六親不合，身困招災，若時干得天盤生合吉格，主妻子賢能，士卒精強，奴婢得力，倘合凶格被沖尅，主子刑傷，父子不和，兵卒自亂，奴婢欺主，凡六庚加於年月日時干上，或年月日時干加臨六庚上，須看六庚加於何人干上，則知某人之吉凶，如爲吉格尤吉，合凶格猶凶，骨肉不和，己身危困，假如陽遁三局，甲巳日起丁卯時，時干在九宮離上，開門遁甲子戊，天沖一同臨宮，驚門與庚在坤二宮，如己日爲飛干格，主兄弟不和，朋友反目，身困招災，又如陽遁九局，乙庚日起丙子時，得青龍返首吉格，主貴喜盈門，身安友助，求謀遂心，若看年干，月干，時干，須另起不可，即以此爲準。

(四)臨機變用

人爲萬物之靈，感通諸事之應，在我一時之動靜，取其人事器物以推兵家勝負，人生得失，物之成敗，就於出師，或以動衆發馬之營，或爲人事之得失離合，或器物所得之日時爲始，遂日查算，利於何日時交鋒得勝，何日時賊來，何日時埋伏于何處，何日時成功奏凱，如欲知人之壽夭窮通，則取本命年月日處演布，而妻財子祿從可知矣，凡物之破損成敗久暫，以所得之時日，或方見之時以及物長短方圓，或五行所屬配合遁甲，則物器破損被盆可預知矣，如軍營凡有一見一聞，或遇移到斜蹲錯落金鼓等項，或聽言語善惡，或見旗鼓破損，或鳥獸來從何方，但一見一聞怪異之事，俱可爲吉凶之兆，或聽人言語幾聲幾字，或金鼓不時亂鳴幾聲，或樂器不時遠近響動幾聲，凡事物遇目一見皆可取占卜之應，在吾心一動，活潑變通，切忌不可取其一，又取其二，以致吉凶無所定也，如取其件或吉凶不準，再取別物占之，又不準是心未定，所以吉凶無驗也，如遇一字、一點、一物、一聲、一人、一獸，卽一爲子時，二爲丑，三爲寅，如甲己日遁起甲子時，若數有十三，卽第一次，丙子時，若數多皆逢子時，卽爲第三次，第四次五次，戊子，庚子，壬子，再數過多五子用盡，卽作爲乙丑、丁丑、己丑、辛丑、癸丑，如此干時，萬時皆倣此推。若出師須詳看領軍官，及大小頭目，本命，天子，合吉凶等格，或於征伐或利於埋伏，或利于接應，總視其人利于行事者斟酌之，則大小三軍皆無悞矣。

(五) 遁甲神機賦

兩儀主使，三才攸分，步咒攝斗，鬼神存局通乎妙，音前修刪簡靈文，裁整諸經要理原，夫甲加丙兮龍回首，丙加甲兮鳥跌穴，回首則喜悅易遂，跌穴則顯病易成，身殘毀兮，乙遇辛而龍逃走，財虛耗兮辛遇乙而虎猖狂，發見丁兮騰蛇夭矯，丁見癸兮朱雀投江，生臨丙戊，天遁用兵聞，乙臨巳地遁安營，伏干格，庚臨日干，飛干格，日干臨庚，庚臨值符，伏營格之名，值符臨庚，飛宮格之位，大格庚臨六癸，刑格庚臨六巳，按格所向卽凶，百事營爲不善，時遇尅日干，乃五不遇而災生，丙奇臨時干，名爲悖逆而禍起，三奇得使，衆喜皆至，六儀擊刑，百凶皆集，太白入熒賊即來，火入金鄉賊即去，地羅遮障不宜前，天網四張無走路，值符宮同天乙位而取，如逢急難宜從值方而行，二至順逆，妙理玄微，陽數左爲前數，陰符右爲前尋，陽至從今，至前一十二氣，值符後一爲九天，後二爲九地，前三爲六合，二爲太陰，陰至從夏，至前一十二氣，值符前一爲九天，前二爲九地，前五爲六合，七爲太陰，太陰潛形而隱遁，六合遁身而謀議，九天之上揚威武，九地之下匿兵馬，天地修兮難量，神機妙兮莫測，學者欲事有謀，存讀此篇無疑惑。

此書謂選宅三句之法出自都天撼龍經，八十一篇太乙紫微九總，八卦者，天地之骨髓，星斗之神機，八卦五變而及乎無窮，五行推移而應乎無盡，以九星爲之九總，以八門爲之八卦，上可以補天不全之化，下可以助后土不及之功，扶危助吉，發端生祥，非同游一十二分之星圖，又殊配二十八宿之格局，是此書者，正天地之綱紀，明陰陽之經緯，幽深頤顯達逆元，試看八卦門庭配列九宮，蹊向推遷六甲六儀天乙值符星之運局，太乙值日使之指揮，奇以六儀，遇以八節，上下招搖，內外表應，三盤運局，八卦皆通，值其吉則萬事堪爲，值其凶則一分莫舉，其一曰都天八卦，其二曰入地三元，其三曰行軍三奇，其四曰選宅三白，其五曰循行太白之書，其六曰入山撼龍之訣，其七曰轉山移水九字元經，其八曰建國安邦萬年金鏡，其九曰蓋爲九宮入福救貧。生仙產聖，變禍福如反掌，使貪富似等閒，倘三疊之遇奇門，若蛟龍之得雲爾，見六合之逢格局，如虎狼之產羽翼，忌取休囚，防其刑擊，如得奇星旺象，必須吉位門開，位皆宜門，門皆吉，只要合得其宜，仍須各論其奇，干神不囚，支神不尅，神藏煞沒，方知萬事皆和，反吟伏吟，定是千殃數集，奇逢旺相，是爲富貴之謀，門逢開休，方協英雄之應運，青龍返首爲甲乙之妙，詳值白虎猖狂，見庚辛之凶禍，若值螣蛇夭矯，知壬癸之崢嶸，倘逢朱雀投江，管丙丁之妖怪，飛鳥跌穴，便云百事皆祥，貴人登壇，管取九宮皆慶，通元機而天地皆轉，得妙用，則觸事咸亨，若爲文武官僚，修造職位皆增，或與良民士庶修塋扶危，作福建州府，而民安物泰，興縣鎮而賦租平，立宮室而福集入依，作廟宇而鬼神安妥，橋樑船驛，井灶路途，或諸餘行事，在選周詳，或有太乙，將軍盡在拱手，任是九良七煞，莫敢當頭，不問諸家運氣，不超不開，犯者空亡禁殺，但求此局却要有奇可保，千年皆招百福，最堪動土破山埋宗葬祖，務有奇星到座，門戶得開，有山者，必求反首之青龍，有白虎者，大忌猖狂之白虎，有元武者，遠其夭矯螣蛇，有朱雀者，怕其投江朱雀，如此迴避，用竟配求，值飛鳥跌穴，則有異鳥遺鵰，彩禽墜羽，鷹隼棄其亡鳥，鶴鷺返以鱔魚，仙鶴來鳴，彩鸞下集，四仲俱存者吉，兩頭破壞者凶，貴人登壇，必有旌旂相乘，雷電風雲，印變文書，金章紫綬，得青龍反首之日時，當有鱗伏金魚，落穴螣蛇，蜃化馬驟，雷轟光焰，金銀旛花結綵來應，其時在助其吉，各有尅應，合取山頭，萬無一失之慮，動有十全之吉，分其頭緒，布其提網，具列千端，修明萬事，非但謀猷之逢吉，乃天地之獻祥，助國安邦，濟民利物，得之者，宜什襲于玉匱金縢，眞所謂至聖皇家之重寶也。

(六)易數總斷訣

玉册天元誠至理，分丁役甲洛書數，陰陽變化互逆順，參伍錯綜並九坵，遁曰三才天地人，龍虎風雲及鬼神，生土生申附神位，八卦推行列入門，一中造化露天機，上可凌虛昇步飛，中可測推謹趨避，藏神合朔卜時期，出行造葬爲百利，今古幾時能盡知，一千八百軒轅制，子房十八局法遂，智慧通神能達微，四十八格難推致，予今復古演成書，易數通微可微義，中人不知能推詳，跬步澄階天衢長，衝輔禽任心最吉，三奇加互發禎祥，值符值使嫌冲擊，開休生門爲上吉，大概要察候與節，奇間造葬合龍穴。開基斬草及行商，動用作爲占方向，勿度勿疑勿反顧，至誠感應福無疆，三奇得使誠堪用，六甲遇之非小補，乙歸犬馬丙鼠猴，六丁玉女騎龍虎，又有三奇游六儀，號爲玉女守門時，甲子己卯并庚午，丙午丁酉乙卯期，利作陰司和合事，宮庭宴樂迹堪爲，三奇入墓總非宜，作事此時防後危，五不遇時尤可嗔，號爲日月損明辰，時干來尅日干位，百事皆凶莫輕視，逆順值符總七神，地宜伏匿天揚兵，太陰六合可迴避，蛇遠勾連田土爭，白虎西方凶殺神，玄武盜賊防征途，難籌天乙六戊閉，急從神兮緩從門，天三門兮地四戶，問君此法居何處，天冲小吉與從魁，此是天門私出路，地戶除危定與開，作爲動用從茲走，太陰六合太常君，元是地私三吉門，若得奇門相照應，出門舉事總欣欣，太衝天馬眞爲貴，有難從斯宜躲避，若然乘取天馬行，虎豹交馳終不遇，遇吉奇門如太陰，三般難得總照臨，宮方得合亦爲美，舉措行藏必遂心，六丙生門如六戊，此爲天遁自分明，開門六乙加六己，地遁如斯而已矣，休門六合太陰星，欲識人遁無過此，三遁須知百事宜，藏修隱影尤爲美，乙辛爲龍休坎羽，龍遁之名居水委，辛乙爲虎生爲遇，虎遁居山在長棲，六乙加辛休門合，水氣生風風遁威，六乙加辛生知更合，艮源坤土龍遁飛，生臨丙月九天上，神遁斯爲福世熙，六乙若然加九地，斯爲鬼遁達幽機，刑擊六儀何太凶，值符刑處與時同，子卯戌未申嫌虎，辰午自刑巳午宮，時日門星有伏吟，休加休上蓬加蓬，惟當守己財貨歛，妄動輕謀有害侵，就中返吟子加午，尤嫌門符相對伍，偏宜散恤發倉廩，動衆興工凶必阻，奇門吉宿若加臨，可免災星福無補，宮尅門害爲財多，門制宮分宮鬼迫，吉門逼迫宜疾成，凶門過迫凶莫測，丙爲悖逆庚爲格，格則不通悖亂逆，丙加日干及值符，忤逆紀綱應不飭，庚加本歲月日時，俱名干格生災隙，六丙加寅熒入白，寇卽欲去勢可獲，六庚加丙白入熒，賊信方來勢莫測，庚加值符天乙伏，值符加庚天乙飛，加一宮兮戰在野，刑一宮兮戰在野，庚加癸兮防國持，癸加庚兮爲大格，加壬之時小格申，加己爲刑道路刑，日干加庚飛干推，更有一般時格者，六庚愼勿加三奇，此時若動出行去，匹馬隻輪無返期，六癸加丁蛇夭矯，憂惶心事何時了，六癸加丁雀投江，奸頑訟詈入公堂，六辛加乙虎猖狂，恐懼身親有損傷，六乙加辛龍逃走，驚惶懍散財存否，龍回首兮甲加丙，津津悅意應无朽，丙加甲兮鳥跌穴，百爲舉動成功烈，天盤動用占爲客，地盤安靜占主穴，細看星宮奇門知察其刑尅吉凶訣，分其日月旺休方更辨其方雲氣色，假如天蓬加九宮，旺相之月在秋冬，喜逢壬癸亥子日，北方黑氣客有功，若還天英加一地，冬時北方主反利。奇門星位倣此推。

人在時方加仔細，自寅至午，陽五時，甲乙丙丁戊合宜，先與出行爲客勝，移造婚姻幷徒移，自未至亥時五陰，己庚辛壬癸午尋，利主集謀修備用，尤宜籌造與逃離，十干六甲爲宗主，上下交承開闔分，陽星加一宮門吉，陰星一宮各事凶，甲孟宜貞仲利守，宮方加季吉序興，作爲進往憑天局，基穴陰謀靜地乘，若見三奇在五陽，偏宜爲客自高強，三奇若過五陰上，利宜爲主志徜徉，三奇積蘊妙難言，陰逆後占陽順前，每時須別初中末，值把總符分後先，乙德往來恍似形，神逢酒饌市財陳，入宮移娶皆宜客，却忌鞭刑與怒嗔，丙子月奇天成比，火氣銷金兵不起，市賈入官行遇仙，聽無憂兮，聞有喜，六丁玉女太陰精，出入幽冥老不刑，謁請入官商娶吉，半爲憂喜利私營，六戊之門凶不起，朱門萬里誰呵止，大馬不鳴行客隨，市賈得財驚走否，己爲六合起機謀，隱匿如神天萬指，出入官行利百爲，驚逃凶去小人利，六庚加時絕五本，強出遭凌入天獄，市賈道亡物有傷，百宜固守斯爲福，六辛出遇死戶陳，強出天庭罪縛身，問疾官商婚娶忌，自新利決罪刑多，壬是天牢強出焦，邀遮却利亡興逃，病人進退存餘喘，官吏仇稽百事騷，癸藏出入百憂煎，利病逃亡興興覓仙，遁跡隱形人莫曉，病加沉重日纏綿。

(七)奇門遁甲總序

竊惟黃帝戰蚩尤於涿鹿，夢天神授符，而命風后演就奇門，此遁甲所由始也，帝堯命大禹治水，得玄女傳文，而因洛龜畫敍九疇，此遁甲所由著也，漢子房總局十八而成決勝之功，蜀孔明分列三奇而創艱難之業，先排九宮於掌上，而居一坤居二，震居三，巽居四，中央五，乾六，兌七，艮八，離九。而造化見矣，次分八卦於盤中，而離位於南，坎位於北，震東兌西，巽東南，坤西南，艮東北，乾西北，而方隅定矣，縱橫十五，錯敍三元，以八卦分八節，而節以全，以一節統三氣，而氣候以備，逢甲己爲符頭，須閏奇而補局，符速節遲，看甲己臨於何處，而用超神之法，節先符後驗日辰，甲己何居而行節氣之方，子午東部爲冬至後陽遁，歷坎艮震巽，儀順行而奇逆布，由值符而順飛於九宮也，子午西部爲夏至後陰遁，歷離坤兌乾，奇順佈而儀逆行，由值符而逆飛於八卦也，認九宮安九星爲值符而吉凶以分。如坎宮認天蓬爲符，則天芮二，天衝三，天輔四，天禽五，天心六，天柱七，天任八，天英九。配八卦立八門爲值使，而休咎以判，如乾宮配開爲使，則休門坎，生門艮，傷門震，杜門巽，景門離，死門坤，驚門兌也，移值符於時干，而時干住處值符之起首寓矣，尋值使於時支，而時支住處，值使之方向存矣，天盤九星共奇儀，而一時一易，象天之旋轉，地盤九星與奇儀，而五日方移，法地道之貞靜也，天盤臨地，審吉凶之消長，地盤承天，斷休咎之盈虛，天甲子臨地甲子，是爲伏吟，臨本宮皆同比例，而不可用也，地天英逢天天蓬，是爲反吟，凡門加冲宮皆同此例，而避之可也，吉門臨三奇，而所求皆遂，奇門入墓迫而所爲無成，乙丙丁生休門，如合太陰之位，是謂三全奇吉，陰或有無，必審從背之方，是謂二可六儀，擊刑至惡，而不可使用，九遁合門至利，而大可施爲，開門合乙而加己位，不犯奇墓門，迫名曰地遁，臨紫微而蔽以日精者也，月奇臨丁而逢生門，不犯奇墓門迫，號曰天遁，乘華蓋而蔽以月精者也，休門與丁奇相合，休門與丁奇相合，太陰共地盤相臨，斯爲人遁，亦可行師，丙奇同生門而合於九天，遁屬於神星奇遇，休門而臨於九地，遁屬於鬼，龍得月奇合休癸，而或臨於坎，虎得乙奇臨生門，而或出於艮，風遁則日開臨於巽，雲遁則月開合於神，此九遁之例名，實岳家之秘顧，用之何如，而驗之無應也，夫星有陰陽，門有開闔，惟夭禽則無定位也，寄西南而屬中宮，從三避五，爲害爲生，勝地有三，天上値符所臨天乙，大將居之一也，値符後一爲九天，我軍居之二也，地生門而合三奇之宮，若引軍而從生門擊死，百戰百勝三也。不擊有五，天乙九天擊之，必被其殃，一與二也，生門九地犯之，必罹其害，三與四也，値符而臨値使之位，如用兵突圍摧陣，將死軍亡五也，孟甲刑門，難以出入，而宜隱跡，仲申陽內，宜於堅守，而利於藏兵，四季甲時，陰內陽外，須分主客，始決雌雄，六乙爲天德，出從而上，日奇之下，可決勝於未然之內，丙爲天威，不得丙火銷金之令，宜防敗於不測，時臨六丁，名爲玉女潛刑，如隱伏而不見其象，時臨六戊，號曰乘龍，萬里逢凶徒而自滅其踪，六己爲地戶，宜陰私而用偸刼，六癸爲天綱，審高下而利逃亡，六庚而出戰，咎將及於其師，六辛而行師，禍必及於其身，六壬爲天牢，而飛禍速至，六甲爲時首，而應局斯靈，甲加丙爲青龍，反首而動作無阻，丙加甲爲飛鳥跌穴，而運用有成，乙加辛是青龍逃走，而財物廢墜，辛加乙，是白虎猖狂，而身體毀傷，丁加癸爲朱雀投江，而訟獄所由起也，癸加丁爲螣蛇夭矯，而憂惶之必至，六庚加符爲伏官格，不利其主而利其客，值符加庚爲飛宮格，不貴於戰而貴於謀，庚加值符太白格於天乙，外主侵而主將必敗，符加六庚太乙格於太白，強出兵而客將必阻，值使臨庚，名爲野戰，兵雖精而主困也，庚加值使，名曰同宮，將雖驍而必挫也，庚加於丙，是爲太白入熒惑而賊必來，丙加於庚，是爲丙火入金鄉，而賊退也，此主客皆不利，莫倚奇門而強用也，天地大格，庚下加癸，天地小格，壬上加庚，庚加於己，士卒死於中途，己加於庚，將兵厄於危路，歲格則歲逢於庚，月格則庚加朔建，庚臨日干爲伏干格，而主人見傷，日干臨庚，爲飛宮格，而客將不勝，時干尅日爲五不遇，而定損其明，丙加日干名曰悖亂，而顛倒紀綱，天有三門，天衝小吉從魁，地有四戶，月建，除危，開定值使相交，乃天乙之所在，直時臨處，爲天乙之行宮，其值符同乎天乙，有難宜棄門從坤，後一爲九天，二爲九地，九天之上利以揚兵，九地之下利以埋伏，前三爲六合，二爲太陰，六合之中，逃亡是利，太陰之處，潛伏斯宜，三詐之方，舉動皆利，是休生開合乙丙丁，九地太陰而然也，五假之地，各有吉凶，是杜死驚傷景合九地太陰乙丙丁己癸而致也。如六戊不測之術，六甲陰符之妙，此乃心悟，難以言傳，有志於衞國安民，出將入相者，不可不知也，嗚呼分天地於掌握，羅列宿於心胸，風雷從其呼吸，神鬼聽其指揮，其天府石失之秘文，運籌決勝之神妙乎。

第二十二章　奇門九道

㈠正起接閏之法

甲乙居仲上元逢，孟位居中下元宗，五日一元周二遁，十時一甲用皆同，陰陽二遁原洪造，節氣未來符先訣，遲時交節奇未來，超神接氣通元奧，四仲未來節先來，值符仍將本局裁，雖然新節已交氣，奈何四仲來胚胎，四仲先來符後至，超用本來之節氣，有時超越過旬餘，所以積餘成潤位，二至之前有潤奇，此時積累疊成之，陽極陰終無後飫節，因此之潤其餘。

㈡九遁妙訣

奇門九遁少人知，秘在仙經其奧微，丙合生門居丁上，便爲天遁月光輝，乙合開門臨六巳，地遁日精能蔽之，丁共休門合太陰，人遁星精藉照臨，丙合生門合九天，神靈所蔽有威權，丁合休門臨九地，休兵鬼遁能潛避，乙合休門臨坎水，卽是蛟龍得雲雨，辛儀合生臨艮出，猛虎神威淨八蠻，虎狂位遇丁景制，吒咤生風上將壇，龍逃亦藉丁和景，一躍當門振羽輪。

⑴天遁之妙用

凡丙奇臨生門，下合六丁不犯奇墓刑殖者，得月精所蔽，內應其心，外主其身，其氣上升在首，其質下注於心，名曰元珠，能𥅘而修者，升天，若有事時，呼玉女神名曰，丁卯而卯之，其神護之呪曰：「丁卯玉女護我，后我，毋令有鬼傷我，覗我者蟲，惑我者，反受其殃。」呪畢，行之，愼反顧其方，可以稱王侯之權，利朝君王，謝穹蒼禮求福，及利征戰，使敵自伏，上書，獻策，求官，進職，修身，隱跡，剪惡，除凶，市賈出行，百事皆吉，婚姻入宅，來往此方大吉。

(2) 地遁之妙用

凡乙奇與開門合，下臨六巳，得日精所蔽，其氣黃，內應其脾，外應其形，任呼應用，又名黃婆金公，能修之者，南宮列仙，有事時呼本旬玉女，依前法呪之，大獲其驗，出紫庭，蓋巳爲地戶，得日精蓋之，其方可以藏兵伏將，紮寨安營，建府造倉，築垣修墻，安墳開礦，修道求仙，逃亡絕跡，出陣攻城，全師捷勝，百事皆吉。

(3) 人遁之妙用

凡丁奇與休門合，下臨太陰之位，得星精所蔽，其氣青黑，內應於腎，外主耳目，名曰還陽丹修之者，駐世長年，有事出門，呼本旬玉女如前法呪之，其方可以擇賢人求猛將，說敵如仇，三年茲吉，又宜謀結婚姻添進人口，和合交易，刑市十倍，若藏伏獻策上書，俱爲大吉。

(4) 神遁之妙用

凡丙奇與生門，下臨九天之位，得神靈所蔽，其方可以祭神明，用聖術，畫地立籌，步罡造壇場，刻鬼神，攝魔魅，自有威伏，更利攻虛，遁門陰謀密計，最爲元妙，開路塞河，修塑神像，裱褙神畫，以候神臨。

(5)鬼遁之妙用

凡丁奇下臨九地，與休門合鬼神隱匿之蔽，其方可以探機偷營，設伏攻虛，密伺動靜，詭詐，文書荐孤拔寡，以候鬼應。

(6)風遁之妙用

凡丙奇與開門合，下臨巽宮，不犯墓迫，得靈奇順風揚帆之便，又辛儀與休生門，下臨六乙，其方可以默吸風雲噴噀旂旐音遙普遍，或托異遁，令衆軍士沉吟聽音，又丙音與開門臨坤宮，更宜禱祭風伯雨師，同敵壘立旌旗，以候風應。

(7)雲遁之妙用

凡乙奇與開門合，下臨坤宮，不犯墓迫，得雲之蔽，又曰乙奇與開門合，下臨六辛，其方可以默吸風雲，噴噀甲胄青雲普遍，或托射鵰爲名，令士卒仰望，更宜求雨澤利，農稼，建營寨，造軍器，以候風雲。

(8)龍遁之妙

凡乙奇與休門合，下臨六癸或坎宮，得龍之蔽，其方可以祭龍神，祈雨澤，水戰演敵，計量江西把守渡河，教練水戰，密運機謀，移舟轉向，下船開江，造置水櫃，祭禱鬼神，塡隄塞河，修橋穿井，以候風應。（武備誌作休門與乙奇臨六甲入宮爲龍遁）

(9)虎遁之妙用

凡乙奇與生門臨合，奇得臨虎之蔽，一云辛儀合生臨艮，其方可以招安逆堂，設伏邀擊，計度要害，據險守禦，建立山寨，措置關隘，防險修鑿，以候風應。

㈢門迫宮迫

宮制其門，是爲門迫，門制其宮，是爲宮迫，宮迫謂之制，門迫謂之宮吉，門被迫則吉。事不成凶門被迫則凶灾尤甚。

㈣月建屬九星出行訣

建計除陰滿羅喉，平定外貪執，水破行，木危陽成是土收，紫開金閉，月孛建爲青龍，用爲頭，徐是明堂黃道游，滿爲金刑，平朱雀，定爲金匱吉神求，執爲天德，直黃道，破爲白虎，危玉堂，成爲天牢堅固守，收爲元盜賊心愁，開爲司命臨黃道，勾陳爲開主亡流，黃道出行爲大吉，行軍戰鬥黑道憂。

凡犯刑者，出軍必傷主顛，犯六畜死亡之事。（滿爲天刑）。

犯天牢者，人傷賊害，亡財失利。（成爲天牢）。

犯亡武者，亡，失財逃走，奴婢遭賊刼傷胎孕。（收爲元武）。

犯青龍者，父母兄弟長嫂死入獄逃亡遭刼灾。（建爲白虎）。

犯朱雀者，因死見血光亡財於地。（平爲朱雀）。

犯白虎者，治明堂。（破爲白虎，除爲明堂）。

犯天牢者，治玉堂。（成爲天牢，危爲玉堂）。

即此處以壓彼處，以消災有大功。

伍子胥曰，凡遠行諸事不往天庭（辛），天獄（庚），天牢（壬），三神上去大凶，當乘青龍（甲），歷蓬星（乙）。百惡不敢起大吉。

(五)大金剛值日百忌詩訣

奎婁角亢鬼牛星，出軍定是不凡程，若還遠行逢盜賊，營求財利百無成，登船定是遭沉溺，買賣交關不稱情，穿井用功難見水，拜職爲官剝重名，婚姻仍主刑損害，出喪撞着損生靈，欲讓吉凶星辰處，出天符秘密經。

第二十三章　六甲六丁布斗篇

㈠六甲利用

經曰：若有所用，百事皆向六甲所在之方，呼其神名，行六十步，左轉入陰中，又六丁名太陰，見貴人則喜，遇陣則勝。

甲子旬神名主文卿，登壇拜將，令頒授兵符者，元帥名籌運，起兵發糧儲者，皆向其方呼其神之名，而行六十步，左轉入太陰中則發握如神。

甲戌旬神名徐河，利通伐山林平治道路，分決河道，得於自然，開路無損，皆向其方呼其神之名，行六十步，左轉入太陰中，則得願，道路自通。

甲申旬神名益新，若入山畋獵捕捉虎狼蟲獸，皆向其方，呼其神之名，而行六十步，左轉入陰中，蟲獸自然不動。

甲午旬神名靈光，若安營置陣，巡狩戰鬥呼其神之名，行六十步，左轉入太陰中則必勝。

甲辰旬神名含章，若求官拜將臨民赴任，皆向其方，呼其神之名，行六十步，左轉入太陰爲官不至敗悔。

甲寅旬神名監兵，若揚兵振武，敎陣盪寇行軍征伐無道，皆向其方，呼其神之名，行六十步轉入太陰中，出行安邊盜賊自然不起。

以上六甲管轄五行尊神，體統好靜，行事之時，書「相制」之字則吉，蓋六甲內感五行，而動應旡方，具五行而舍勝，有相生相尅之道，左手象天，右手法地，神靈好靜，故書五行相制，運化之道，無不兼備，若欲出兵，大將左手中用硃書「強」字，將手揑住，行六十步左轉入太陰，能欺弱制勝之道也。若見貴人求官，及二千石，令長左手中書「天」字，若商賈興敗，和結交朋友，嫁娶立契則書「和」字。若入山捕捉畋獵，則書「獅」字。若部工居衆則書「強」字，若過河治水則書「土」或「戌」字，若波浪騰聲，舟揖將溺，尤忌八風觸水能招搖咸池之日，宜書「戌」字。若游山入道，則書「龍」字，龍不敢動，值符臨其方，前行六十步，左轉入太陰中，得此者，天道亨，五行制勝之妙用也。

(二)出行呼神字入太陰中

凡出行者，於其所向之方，呼其神之字，而行六十步，左轉入太陰中，陽遁值符前為太陰中。陰道後二為太陰中，又六丁亦為太陰，呼其神字謂所用之「時」，天盤上所得「星」之字。天蓬字「子禽」。天芮字「子成」，天衝字「子翹」。天輔字「子卿」。天禽字「子公」。天柱字「子申」。天任字「子韋」。天英字「子威」。

例如冬至上元陽遁之局，甲己之日平旦丙。在八宮以天上甲子戊，天蓬加入宮，欲出東北路，呼其神字曰「子禽」。行六十步入太陰中，此時四二太陰臨四宮，（按九宮排去當在坎一宮）卽左向入東南之類。

㈢出入呼其時十二辰上十干神名

甲爲天福神「王文卿」。乙爲天德神「龍文卿」。丙爲天威神「杜唐仲卿」。丁爲玉女（天女）神「季游田」。戊爲天武神「司馬羊」。巳爲明堂神「紀游卿」。庚爲天刑神「鄒游陽，敦陽之」。辛爲天庭神「高子強」。壬爲天牢神「王祿卿」。癸爲天獄神「爰強爰子光」。

㈣六甲陰神

甲子旬陰神丁卯，兎首人身，名孔林族（字文伯）。
甲戌旬陰神丁丑，牛首人身，名梁邱叔（一作梁邱或梁叔仲未知孰是）。
甲申旬陰神丁亥，猪首人身，名陸　城（字文公，一作名陸成陸）。
甲午旬陰神丁酉，鷄首人身，名費　楊（字文，一作貴陽多通）。
甲辰旬陰神丁未，羊首人身，名王屈奇（字文卿）。
甲寅旬陰神丁巳，蛇首人身，名許咸池（字巨卿）。

㈤遁甲門戸神名（出軍行事宜用之）

甲子旬門名徐議，戸名公孫齊（解衣去吉）。
甲戌旬門名天可，戸名徐可（仰天大乎吉）。
甲申旬門名司馬光，戸名石戰（解衣去吉）。

甲午旬門名石家，戶名子可（解去振袂而去吉）。

甲辰旬門名公孫錯，戶名司馬勝，（解髮更結而去吉）。

甲寅旬門名公孫光，戶名司馬強，（解帶而去吉）。

大將出入及行兵，無門多少往止之方，必有法度也，以六爲法，大將列士卒左旋入太陰中，呼門戶神名。呪曰：「某甲有急，請神佐我，佑我，匿我，藏我。毋使敵人傷我，覆我，蓋我，五兵摧折，毋令至我，當我，死視我者亡，使敵人冥冥默默視我，迷惑，爲我亂其魂魄，使敵不敢起。」念呪訖令士卒直去，右旋勿反顧，藏於六癸之下，如甲子癸酉之類，餘倣此類推。

㈥六甲陰符用法

經曰爲上將者，禦敵須作六甲陰符之法，令敵人身誅，故曰寧與人千金不敎人，六甲之陰，天地之間，此爲最靈，藏之金匱貴之於心，不傳非人，愼勿輕淺，盜視者盲，盜讀者疫，若作六甲陰符，必須至誠齋戒，以邀天神，稍有汚犯，便不潔矣，安望靈驗。

凡作符者，當於月蝕之時，伐桐木及杜荆等木陰枝，或柏心亦可，悉長九寸，廣二寸，厚三分，用雄黃塗之作像，並書其名于像下，（卽丁卯陰神孔林族等之像及名），書符之後，降錦爲裹盛之，大將自隨身佩之，用兵時，便取本旬陰神之符于裏外，以指敵人，敵人自散不敢交兵也。

又取木時，先爲齋戒，取酒一斗，鹿脯三斤，鹽一盞，祝而祭之，向下爲席，北向再拜，祝於杜荆之前，曰百鬼之神，與子俱遊，變化其身，以子所指，莫不服者，謹奉淸酌美脯，及鹽等物，願欲饗之，呪訖再拜，凡三呪畢，乃伐取木，勿令汚穢，亦勿近汚穢之物，及婦人鷄犬見之。

受持之法，齋戒五日蘭湯沐浴，潔食淨飯，每食五辛之物，及書畫畢于六甲之日，夜半醮之于方壇之上，爲法壇一丈二尺，外浮土十二丈，開十二辰門，以竹爲纂，長三尺或九尺，隨地列之于四向，將六陰之符置壇上，衣六位放以五色，繒彩各三尺五寸，上安酒三杯，脯二斤鹽一盞，白茆爲席，北向而跪呼四方支辰神名，及六甲六丁神名，並門戶神名而祭之。

假如甲子日陰在丁卯，正東再拜呼其神而祝之，以降綿爲囊盛陰符常隨身，則百鬼不敢侵，以陰符指敵，則敵人自滅，如倉卒無壇，但于庭中或野外畫地爲壇亦可。

(七)值人步斗法

步斗經曰，夫步斗可以通神，當于夜半星光下，立場畫地作北斗七星，中間相去三尺，天蓬從天罡起，隨次第布之居魁前逆布訖，正玄天英而歌斗呪誦，至天英必先舉左足，並誦呪，以次依輕步之左右更偏履之，如後法爲之，百日則與神人自然感通，秘之勿淺，非人者殃墮九祖，盜視者，其目必瞽也。

呪曰：斗要明兮十二神，承光明兮玄武陣。氣彷彿兮如浮雲。七變動兮上應天，知變化有兮吉凶，入斗宿兮過天關，合律呂兮治甲乙，履天英兮度天任，淸令淵兮陸陵沉，柱天柱兮擁天心，從此度兮登天禽，依天輔兮望天衡，入天芮兮出天蓬，斗道通兮剛柔濟，添祿祿兮流後世，出冥明兮千萬歲，急急如律令。

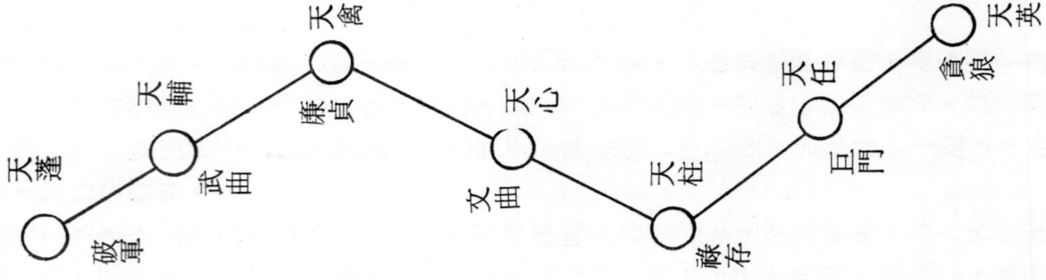
天蓬
破軍
天輔
武曲
天禽
廉貞
天心
文曲
天柱
祿存
天任
巨門
天英
貪狼

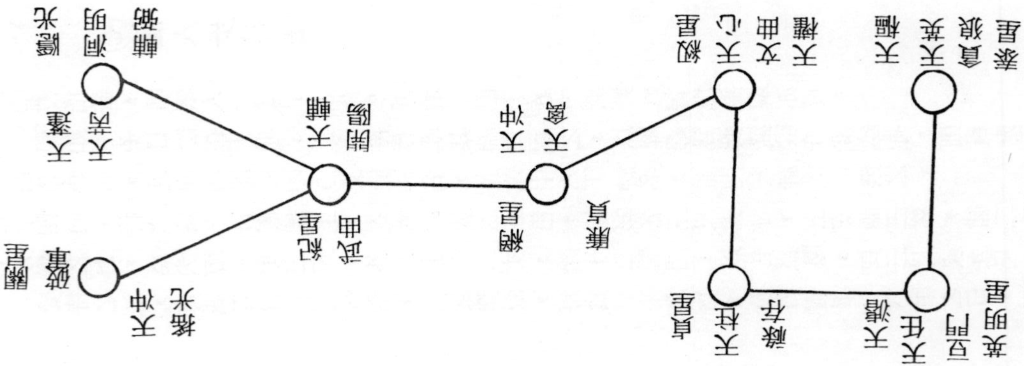
搖光
天沖
破軍
關星
天芮
天蓬
輔弼
洞明
隱光
紀星
武曲
天輔
開陽
綱星
天禽
天沖
廉貞
貞星
天柱
祿存
紐星
天心
天文曲
天權
天任
天禽
巨門
英明星
天英
天樞
貪狼
泰星

凡有事出門，將本旬玉女名，如甲子旬，陰在丁卯，而出咒曰：
丁卯玉女護我佑我，毋令傷我視我，瞀聽我者，反受其殃，咒畢，行去愼勿顧其神，隨獲其德，如甲戌旬頭，則乎丁丑呪之如前，餘倣此。
乙奇神呪：天帝威神誅滅鬼賊，六乙相扶天道賛德，吾今所行，無攻不尅，急急如玄女律令。
乙奇神咒：吾德助天，前後遮邏，青龍白虎左右驅魔，朱雀道前使吾會他，天威助我除苛，急急如玄女律令。
孤虛神咒：天靈靈，地靈靈，孤虛舉意如吾意，神不離吾左右，急急如律令。
凡念各咒，宜直行，不可回顧，六十步外乃止。

(八)出三奇吉門咒

經曰：出六乙門禹步三咒曰：白虎白虎，除道路，當前尊路，愼勿誤有德之士來相助出幽，冥冥相助，急急如九天玄女元君律令。
出六丙門禹步三咒曰：前有天罡揚威武，當從青龍與白虎行，誅天賊及天魔，敢有不從伏天斧，急急如九天玄女元君律令。
出六丁門禹步三咒曰：玉女玉女名神母呼而問之道，吾所當從斗杓入，斗裡清冷之淵多神草，以自折障勿驚悞，急急如九天玄女元君律令。
經曰：出三奇吉門，倘事急不及，咒亦可去，但須志心信之必驗，愼勿回顧。
凡念咒，須禹步右手，畫四縱五橫，卽曰四縱五橫六甲六丁玄武載道，蚩尤避兵，左懸南斗，右佩七星，邪魔滅跡，鬼祟潛形，干不敢犯，支不敢侵，太上有勅，吾令指行，入水不溺，入火不焚，逆吾者死，順吾者生，當吾者滅，視吾者盲，急急太上道祖鐵師上帝律令，念畢卽念前或乙或丙或丁三奇神咒，隨念隨行，愼勿反顧。

單日東西五橫，南北　　，雙日南北五橫，東西四橫　　咒曰：

禹王滅道吾令出行，四縱五橫蚩尤備兵，撞吾者死，避吾者生，吾遊天下還歸故鄉，敬請南斗六郎，北斗七星，吾奉太上老君急急如律令，左手揑本日字（當是本日支辰）佐，右手指文畫橫，二咒大同小異，隨意用之。

㈨玉女反閉局

子曰玉女在庚，天門在丙，地戶在乙。
丑日玉女在辛，天門在丙，地戶在乙。
寅日玉女在乾，天門在丙，地戶在庚。
卯日玉女在寅，天門在庚，地戶在丁。
辰日玉女在癸，天門在庚，地戶在丁。
巳日玉女在艮，天門在庚，地戶在壬。
午日玉女在甲，天門在壬，地戶在辛。
未日玉女在乙，天門在壬，地戶在辛。
申日玉女在巽，天門在壬，地戶在申。

酉日玉女在丙，天門在甲，地戶在癸。

戌日玉女在丁，天門在甲，地戶在癸。

亥日玉女在坤，天門在甲，地戶在丙。

凡陰陽二遁無奇門出入者，卽用玉女反閉局出入貞吉，爲上將者，必須知之，以保萬全，如有奇無門，或有門無奇，卽謂之無奇門也。

經云：玉女返閉局者，在室中庭中六步，野外六十步，量入地多少，地之宜表，皆以六爲數，先定數訖，便以左手執六算，各長一尺二寸，隨吹旺氣，叩齒十二通默咒，必下所謀之事，然後回身背旺氣神，啓請曰：維某年某月某日某時，啓天地父母六甲六丁十二時神，青龍蓬星明堂天土玉女六戊之神，某好學長生之術，行不擇日，出不擇時，今欲遊行某處爲某事，欲願天神庇佑，謹按天門畫地敷局，出天門入地戶，閉金關乘玉女，謹請玉女青龍朱雀白虎玄武勾陳六合，六丁六甲十二時神，乘我而行，至某處爲某事，左右近防隨行隨共隨臥隨起，辟除盜賊鬼魅消亡，君子見之，喜樂倍常，小人見我歡喜，皇皇男兒，見我共將酒漿，百惡鬼賊，當我者亡，今日禹步，上應天罡玉女侍傍，下擊不祥，萬精壓伏，所向無殃，所值病瘥，所攻者達，所擊者破，所推者傾，所求者得，所願者成，帝皇大臣二千石，長吏見我者愛如赤子，今日召請玉女六神隨我而進。

此局者，凡一切出行用事，無吉方吉時者，可用此法，便畫八卦圖局排定東西南北，在八干十二辰之位。

㈩五行相制法

此法至誠閉氣，吸東方生氣一口，吹在手心，書字卽行，不可回頭。

求官書「天」字。求婚書「合」字。商賈書「利」字。出行書「通」字。博戲書「乾」字。夜行書「魁」字。入衆書「遁」字。看病書「鬼」字。入罡書「罡」字。吃酒書「少」字。入山書「子」字。入水書「土」字或「龍」字，或「戊」字。